艺术的故事

A BIOGRAPHY
OF SHEN ZHOU

在淡泊宁静中绽放

沈周传

段红伟 —— 著

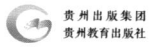

贵州出版集团
贵州教育出版社

代 序

  如果要举出最具知名度的古代画家的话,"明四家"可谓当之无愧。

  有明一代,与浙派延续了院体画的风格不同,吴门的"明四家"的崛起被绘画史论家视为文人画的一种复兴。虽同属于文人画系统,但他们的创作特色与其他文人画家,例如稍后的徐文长以及由明入清的八大山人等,都有明显的区别。相对而言,"明四家"的表现手法似乎更全面,青绿与水墨、粗笔与细笔,都是他们所擅长的;涉及的题材也更多样化,山水、花鸟、人物,无一不精。这样的全面性还超越了绘画的领域,达到了诗、书、画的全方位拓展。当然,说到全才式的艺术家,"明四家"与徐文长等人并无两样,但如果深究下去,其内在的差异性也是耐人寻味的。

  单就"明四家"中的唐伯虎而言,他的艺术修养表现在绘画的创作题材与手法上的全面收获,显示了一个成熟的画家在其领域内的左右逢源;其所达到的罕见广度,使得各种层次、不同趣味的人都能在唐伯虎的绘画作品里找到自己喜欢的元素。而徐文长却把他的精力用于对水墨花鸟画的深度探究,其泼墨如云的大写意手法,尤其是对水的出神入化的运用,几乎独步画坛,引得不少文人墨客为之痴迷,但这并没有得到社会各阶层的普遍欢迎。

再从世俗的名气观来看,唐伯虎最为世人熟悉,几乎成了古代画家的代名词。围绕着唐伯虎,有流传于街头巷尾、书卷舞台中的各种逸闻传说、风流韵事,其敷演附会的程度,与越地流传的有关徐文长的各种传说正相仿。然而,有关徐文长的大量传说基本还停留在口头流传的阶段,其流布也没有超出越地的范围;唐伯虎则不同,叙述他的故事不但口口相传,而且被历代文人持续不断地改编到各种文艺作品中,在文字中,在舞台上,乃至在今天的银幕荧屏上,依然显示出生命的活力。同样形成对照的是,作为不足为信的小说家言的两位主人公不同年龄、身份和各自行为的结果:在传说中,徐文长基本上都是以少年的面目出现,如果故事内容涉及男女之事,则更多显示出对传统价值的一种颠覆,也因此看到主人公的反叛意识。而唐伯虎在传说中,基本上都是成人的身份,虽然也有对传统价值颠覆的内容,但传播最广的,是一些让世人艳羡的艳遇。个中差异,虽然原因复杂,但一种更具商业意识的作用渗透至文人画领域,不但让画家的创作有意无意间接受了绘画需求方的趣味,也使有关画家的传说,沾上了或多或少的商业炒作气味。如果说徐文长的绘画是其个性淋漓尽致的发挥，那么，在唐伯虎那里，则更多的是对技术圆熟的追求。

在明代苏州那样的繁华地，为商业所侵扰，是"明四家"中的任何一位都无法避免的。本来，作为对个性的一种张扬，文人画是最不应该被仿作的，但在商业化的背景下，"明四家"的绘画在当时就被人仿制到泛滥的程度，如沈周"片缣朝出，午已见副本，有不十日，到处有之，凡十余本者"，如文徵明，如唐伯虎，均有专门为其仿作的画家来满足需求者，使个性的发挥一变而为大规模的复制，但也因此使他们的绘画为更多的人所了解，相对于徐文长作品有限的流传圈子来说，可谓展开了一场更广泛的普及运动，实在让人对其中的功过是非难以下一简单的断语。

或许，这本来就是一个"仁者见仁，智者见智"的问题，就如同这套丛书中有关"明四家"画传的作者，在对"明四家"的生平与创作做了生动的介绍以保证其可读性的同时，也从各自不同的立场对他们的为人处事的方式以及艺术价值进行了富有个性的评述。而读者也正可以通过阅读本书系，在进一步熟悉他们生平与作品的基础上做出自己的判断。

是为序。

詹丹

2003 年 11 月 20 日

目录

001 | 纳纳乾坤内　秋风自布衣
序章

在中国古代无数文人士大夫中,沈周的一生无疑是平淡的。然而愈深入了解沈周,便愈能感觉到他平淡生活背后的独特。诗文才情曾给沈周带来仕途上青云直上的机遇,但沈周淡然拒绝了。他选择隐逸生活,使明王朝的官僚体制中少了一名普通官吏,艺术史上多了一位杰出的大师。

011 | 才比王勃美少年　转益多师初学画
第一章

沈氏世籍吴兴(今浙江湖州),元朝末年移居苏州相城,历代布衣,族无显宦,却俨然吴中望族。这与沈氏世代书香盈门、书画传家是分不开的。沈氏与绘画的不解之缘起自沈周曾祖沈良。

035 | 隐兮隐兮君子儒　高山流水几知音
第 二 章

沈周不出仕,但他隐居乡里并不仅仅"独善其身"。在他的诗作中,常常可见关心民生的篇什。这些无不体现了儒家"民胞物与"的博大胸怀。过了而立之年的沈周,逐渐构筑出自己的精神世界,向人们展示出他成熟的性格。

077 | 西湖胜概存笔底　此行逐渐开生面
第 三 章

沈周既是文人,亦是隐士,又是画家,这种三位一体的身份,使他对山水的喜爱流动于血脉之中。"游山玩水"的要求更是不言而喻。

109 | 畅游江南山水郎　挥毫染翰师造化
第 四 章

沈周绘画作品中有大量是绘写江南实景山水,另外还有许多作品虽无具体反映对象,但也显然融会了江南自然山水的特点,是作者先陶醉于自然界的风光,再流于纸上的结果。他以畅游江南而得山水真意,又以山水真意融于笔墨之中,便有了这一幅幅中国艺术史上的精品杰作。

145 | 伤心诗画酬亲友　幽怀快意隔死生
第 五 章

沈周曾自谓"天地一痴仙",他的一生痴于亲情和友情,痴于山水,痴于绘画。最亲密的人去了,他无比悲痛。当然他不会沉溺在悲痛中不能自拔,这种悲痛转化为深深的眷恋,永远萦绕在心底,从不曾因时间的流逝而淡薄。

205 | **誉满天下居林下　明代丹青第一人**
第六章

晚年的沈周，身上依然充满令人羡慕的活力，丝毫不显垂暮之态。以副都御史之职总抚苏州、松江、应天的彭礼，在巡行到苏州时，曾召见沈周，叹赏沈周不仅精于诗画，而且详于治理之余，竟没有意识到沈周已是七十六岁的高龄，提出让沈周留在自己的幕下任职。连皇帝的征聘都不感兴趣的沈周当然婉拒了。

附：沈周年表

266 | **后记**

序　章

纳纳乾坤内
秋风自布衣

今朝三月三十日,问春果是明朝归?
春归当向何处去,春亦不言花乱飞。

——《春归曲》

在本书中，我要向读者朋友讲述一位中国古代知识分子的一生。

他叫沈周，明朝人，出生于苏州府长洲（在今苏州市内）。用传统称谓来说，这个人是"士"阶层中的一员；对于后人来说，他是一名诗人和画家。在中国古代无数文人士大夫中，他的一生无疑是平淡的。他没有李白的疏狂傲世，更不会有李白"揄扬九重万乘主，谑浪赤墀青琐贤"的传奇经历；他没有苏轼的"一肚皮不合时宜"（苏轼的侍妾朝云这样评论苏轼），也就没有苏轼身历宦海浮沉、人生挫辱的坎坷遭遇，以及"一蓑烟雨任平生"的旷达飘逸。

也许选择他做传主，本身就是一件吃力不讨好的事情。他不曾卷进历史旋涡，不曾参与政治斗争，既不愤世嫉俗，也不风流倜傥，又生活在一个还算太平的时代、一处非常富庶的地方，他的一生就像平原上一条波澜不惊的河流，不论在人格上，还是经历上，都缺乏李白、苏轼那样令人津津乐道的魅力。

然而愈深入了解沈周后，笔者感觉到了他平淡生活背后的独特。这种独特使笔者对他的喜爱和尊敬不亚于对李白和苏轼的感情。他让笔者联想到了一个关于西方古代一位知识分子的小故事。

那是基督出世前的古希腊时代，有一位哲学家叫第欧根尼，他一生大部分时光都在古希腊地区的科林斯城度过。他没有房子，没有衣服，只有一张毯子和一个桶。毯子就是衣被，白天披在身上，晚上盖在身上；桶就是房子，他睡觉的地方。他却认为自己比波斯国王还要快活。

故事中的另一个主角是马其顿的国王亚历山大，这位年轻的君主是后世公认的伟大军事家，他创建的马其顿帝国是地跨欧、亚、非三洲的大帝国。还在他远征亚洲前，他就已是希腊城邦联盟的首脑，到处受到欢迎、尊崇和奉承。有一次亚历山大亲自去拜访第欧根尼，后者正披着破毯子，心满意足地躺在破桶中。那天天气晴朗，阳光和煦。亚历山大站在第欧根尼面前，先开口致以和蔼的问候，然后说："第欧根尼，我能帮你做些什么吗？"

"能，"第欧根尼说，"站到一边去，你挡住了我的阳光。"

亚历山大的部下和围观的希腊人发出一阵窃笑，为第欧根尼的狂妄自大和不识抬举，也为他错过一个可能改变自己命运的好机会。亚历山大只是一阵惊愕的沉默，慢慢地转过身，对着身边的人平静地说："假如我不是亚历山大，我一定做第欧根尼。"

亚历山大听懂了第欧根尼的话。亚历山大是一国之主，是人人崇敬的英雄，又有无上的权力和财富，第欧根尼却一无所有，他只要接受亚历山大的恩赐，立刻就可以变成富翁或官员，但这些世人钦羡的东西，对第欧根尼来说，却还抵不上眼前的一点阳光。在国王的眼中，第欧根尼是臣民中可以忽略不计的，而第欧根尼同样蔑视王冠和权杖，他对自身的价值有绝对的自信，不再需要君主的恩赐来加以证明或升值。所以亚历山大才会发出这样的感叹：如果他不能征服广袤的领土，如果他不能掌握世俗的最高权力，那么他宁愿做第欧根尼，虽然贫穷，却依然拥有真正的独立和自由。

笔者之所以引述这个小故事，就是因为沈周的独特正在于他追求与第欧根尼相似的独立的个体价值和自由的精神世界。像第欧根尼那样的知识分子，在后来的西方历史上并不鲜见，他们与政治是疏离的，专注于文学艺术的创作或者科学研究，世俗的权力引不起他们的兴趣，君王的赞赏也许会让他们感到荣耀，但绝不会以之作为衡量自己价值的尺度。

中国的情况则不然。中国文化的传统从上古就强调个体对集体的依附，个体的价值只有在对集体的服务和奉献中才会得到承认和肯定（例如伟大的诗人屈原，本也是忠于楚国，一心要把楚国引向光明的方向，但由于他在自己的作品中较多地赞美自己的高洁，把自己置于楚国贵族集团的对立面，就被东汉史学家班固指责为"露才扬己"）。儒家的价值观更要求知识分子积极地投身于公共事务的管理和建设中，具体地说，就是从政做官：其上者做帝王师，通过对皇帝的影响而使国家进入良好的秩序和正常的运作，达到政治清明，人民安乐；其下者至少也要为官一任，造福一方。中国古代的知识分子便把他们自身的最大价值寄托在政治理想的实现上。我们前面所说的李白，他其实渴望着"申管晏之谈，谋帝王之术，奋其智能，愿为辅弼"，苏轼也是以"有笔头千字，胸中万卷，致君尧舜，此事何难"自诩的。

随着中国封建社会后期专制主义中央集权的日益加强，知识分子自我价值实现的标准更有狭隘化为皇帝个人的认可和赞赏的趋势。从宋朝时就流行的一首打油诗便说明了这一点："天子重英豪，文章教尔曹。万般皆下品，惟有读书高。"诗作表明了这样一种价值观："读书（成为知识分子）"是整个社会能赋予个体最大价值的事业，而这种价值的源泉则在于可以出仕做官，为"天子"所重，也就是由皇帝决定。

明朝初年，朱元璋对知识分子——包括在朝的文官和在野的文人——采取了高压政策。本来立国之初，急需人才，新王朝确实也从全国征召了大批有才识之士，但朱元璋天威难测，朝臣们动辄得咎，说不清哪一天就祸从天降，几乎是提心吊胆过日子。以明初四大案——空印案、郭桓案、胡惟庸案和蓝玉案为例，被杀的官员及其家属数以万计，受牵连者更是多不胜数。不止一位大臣冒死在奏疏中指责朱元璋这种做法，认为"才能之士，数年来幸存者百无一二"。而吴晗在《朱元璋传》中也有这样一段不乏文学色彩的描写："网罗布置好了，包围圈逐渐缩小了。苍鹰在天上盘旋，猎犬在追逐，一片号角声，呐喊声，呼鹰唤狗声，已入网的文人一个个断胫破胸，呻吟在血泊中。在网外围外的在战栗，在恐惧，在逃避，在伪装。"——由此不难想象当时知识分子的处境。

朱元璋当然知道自己"或朝赏而暮戮，或忽罪而忽赦"以及滥施法外诸刑罚，会把很多读书人吓破胆，不敢出来做官，于是特地发布了一道诏令："率土之滨，莫非王臣……寰中士夫不为君用者即有背教，杀而籍没之不为不公。"这道诏令被收于朱元璋亲编的《大诰三编》中，而这些"大诰"是具有与法律等同地位的。"寰中士夫"，特别是有声誉的文人，甚至被剥夺了"穷则独善其身"的权利，陷入了逃无可逃的境地。

著名的明史学家吴晗评论朱元璋为"有史以来权力最大、地位最高、最专制、最独裁、最强暴、最缺少人性的大皇帝"。在对待知识分子方面，政治上的高压、肉体上的消灭只是一个方面，思想上的控制和尊严上的摧残则使知识分子彻底匍匐在皇权之下。最显著的一点就是在科举考试中"八股取士"，这是中国文化的大厄，也是明代知识分子的大厄。读书人要想有出路，就只能在"四书五经"的范围内写作有固定格式、规定字数的八股文，文章立意须"代古人语气为之"，绝不允许自由发挥。而就是这个"代古人语气"也是受到限制的，即使与君主专制稍稍有忤，那么哪怕是圣人说过也不能"代"的。比如孟子，这位在士人心目中仅次于孔子的圣人，他生于处士横议、策士纵横的战国时代，思想中有一定的民主因素，也坚持人格的尊严与平等，这在《孟子》一书中多有反映，如"民为贵，社稷次之，君为轻""君之视臣如土芥，则臣视君如寇仇"等。朱元璋读到这些极为恼怒，下令撤去孔庙中孟子配享的牌位，将孟子逐出孔庙。只是由于孟子在人们心目中的地位已经根深蒂固，才收回了命令，但后来仍让人大肆删改了《孟子》，将他不喜欢的地方删去了八十五节之多，余下一百六十节。

朱元璋的儿子朱棣通过"靖难之变"夺取了侄儿建文帝的皇位后，在对待士大夫时，以恐怖手段威吓和思想上钳制这两个方面丝毫不比其父逊色。他攻入南京后，用血腥手段展开了对忠于建文帝者的清洗，当时的一代儒宗，在朱棣发兵前他的主要谋臣姚广孝曾请求万不可杀的方孝孺，竟被空前绝后地诛了十族。即位后，朱棣命大臣编纂了《四书大全》《五经大全》《性理大全》等书，不遗余力地禁锢士人的思想。

总之，明代前期的一系列文化措施的最终目的就是培养对皇帝绝对服从、没有独立思想和独立人格的奴才。回顾明代历史，可以看出这个目的已经很大程度地实现了。当然不是所有的士人都被纳入了"彀"中，例如本传传主沈周，他出生在明代前期，就像拒绝了亚历山大大帝的第欧根尼一样，他多次拒绝地方官员的举荐，甚至拒绝过皇帝的亲自征聘。不过与第欧根尼将大多数传统的标准和信条看作虚伪的玩世不恭不同的是，沈周性情平和，他恪守着礼仪规范，生性淡泊。如果说他的一生是平原上的一条河，那也是宽阔而深沉的河，有着自己的方向和伟力，沉缓而坚定。生活在政治高压的阴霾刚刚减弱的年代，他虽不像百来年后的某些晚明文人那样具有叛逆性，敢于藐视现存的伦理价值观念，却也有着自己独立的思想。他有诗说"纳纳乾坤内，秋风自布衣"，这诗句中蕴含了他对自己作为独立个体的价值的不张扬的自信与自傲。他代表了中国古代知识分子的另一种价值取向——在科举功名之外寻找新的生活情趣和人生理想，从依附朝廷走向独立的人格。

所以，沈周成了一名隐士，一生居于田园，从未参加科举，但他的"隐"不是与世隔绝、遁迹深山，他依然履行一切世俗义务，并不以"隐"自命清高。他关心国事民生，与中央和地方的许多官员都有亲密的友谊。

在隐逸生活中，沈周以艺术创作确立了自己的价值。他痴心绘画，留下了大量珍品。作为画家，他初学画时正值院体画派风行天下，为世俗崇尚，但他不随波逐流，而是执着于内心的选择，投身苏州地区文人画习作，并发扬光大，带动并指导了一批后辈跟进创作，形成了史上的"吴门画派"，在他的晚年，吴门画风成为画坛主流。

沈周集文人、隐士和画家三位于一体：在身后以画名垂千古，在生前以"诗"和"隐"受到长辈的期许、同辈的敬重、晚辈的推崇。他在绘画中融入了自己的文气和隐意，隐逸型文人心态和生存状态成就了他在绘画史上的地位。

诗文才情曾给沈周带来仕途上青云直上的机遇，但沈周淡然拒绝了。他选择隐逸生活，使明王朝的官僚体制中少了一名普通官吏，艺术史上多了一位杰出的大师。

第一章

才比王勃美少年
转益多师初学画

竹堂梅花一千树,晴雪塞门无入处。
秋官黄门两诗客,珂马西来为花驻。

——《竹堂寺探梅》

一

明宣宗宣德二年（1427）十一月二十一日，沈周出生于苏州城外的相城里。

苏州自唐、五代以来就有"天堂"美誉，这里气候湿润，山水秀丽，湖泊星列，清流萦回。由于土地肥沃，物产富饶，加以自宋元便开始发达起来的工商业，苏州成为全国第一等繁华富庶之地。地灵而有人杰，无数文人或生于斯，或游于斯，倾心喜爱这座城市，他们的活动也造就了这座城市丰厚的文化艺术底蕴。当时的苏州之于中国，就如佛罗伦萨之于意大利，它为中国文化史贡献了风雅清丽的文学著作、高超传世的书画珍品、精致绝巧的园林建筑、华丽精工的丝绸刺绣以及脍炙人口的评弹、昆曲。沈周出生的年代，正是苏州逐渐从明初高压政策中摆脱出来，再次焕发勃勃生机的时候。

沈氏世籍吴兴（今浙江湖州），元朝末年移居苏州相城，历代布衣，族无显宦，却俨然吴中望族。这与沈氏世代书香盈门、书画传家是分不开的。沈氏与绘画的不解之缘起自沈周曾祖沈良。沈良，字良琛，号兰坡，入赘相城徐氏，从此沈氏定居相城。沈良本人精通书画鉴赏，也许由于乡里关系，与绘画史上的"元四家"之一——吴兴王蒙成为好友。王蒙有一次踏雪夜访沈良，即兴作画，为沈家珍藏。

沈周的祖父沈澄，字孟渊，号介轩，又号茧庵。永乐初以贤良征召入京，不久以生病为由辞归乡里，筑室名"西庄"，隐居读书，游山玩水。沈澄工于诗，亦能画，以诗名江南，后来明末的钱谦益著《列朝诗集小传》，即有其传。沈澄虽隐居不仕，却好交游，每日置酒席宴请宾客，人们把他比作元末苏州豪富好客的著名诗人顾瑛。沈澄有二子，长子沈贞，次子沈恒，沈恒即沈周的父亲。沈贞，字贞吉，号南斋，又号陶庵，取追慕陶渊明之意，也确如陶渊明那样以隐逸自乐。沈周后来有诗称赞沈贞说："浊酒寒香同淡薄，南山秋色两清高。"沈恒，字恒吉，号同斋。他风韵高逸，家中窗明几净，器物古雅，奇石嘉树，俨然画中。沈恒继承了父亲好客的秉性，而且喜欢对客豪饮，不醉不休。沈氏兄弟都工诗善画，他们的绘画技法比父亲沈澄有了更大进展，作品虽不多，却被后人誉为"神品"。二人笔法上师元人，沈贞多得于赵孟頫、吴镇，沈恒于赵孟頫外，更着意学王蒙。

沈周就是出生于这样的地方和这样的家庭。沈家对于这个新生的家庭成员无疑寄予厚望，为他起名周，字启南，寓以《诗经·周南》中周公之化之意。沈周少时表现，确也未辜负家庭的期望。他七岁发蒙，老师是苏州名士陈宽。陈宽的父亲陈继，官至翰林检讨，是沈贞、沈恒的老师。陈宽字孟贤，号醒庵，精于诗文，刻意经学，服古衣冠，深得乡间敬重，吴中士林争相聘请为西席，沈周以通家之好得拜门下。沈周自幼聪朗绝人，读书过目成诵，没过几年，所作绮文丽藻已被时人传诵。陈宽也善画，但在文学方面最为自负，不轻易赞他人一词。当他看到沈周的作品已在自己水平之上，竟主动逊谢，请沈家另请高明。论真实学问，沈周还只是个孩子，自然远不及他，至于诗文写作，则与一个人的天赋有关，并非单纯的教与学的问题，只是这位老夫子高自标持，律己甚严，绝不肯落一丝一毫"尸位素餐"的嫌疑。而这，也正是沈周终生敬仰老师的原因。

沈周的早慧，还表现在帮助父亲处理世俗事务方面。沈恒虽不乐仕进，但作为百姓的义务还是逃不掉的，他在宣德六年（1431）被点充为粮长。粮长制度是朱元璋于洪武四年（1371）设立，规定每纳粮一万石或数千石的地方划为一区，每区设粮长一名，由政府指派区内田地最多的大户充当。粮长的主要任务为主持区内税粮的征收和解运事宜。最初粮长的地位还是比较高的，属于半公务人员，相对于普通百姓有着一定的特权，仍然可以牟利舞弊，欺瞒政府，侵吞公款，干预司法，苦役也就变成了美差。但是沈恒并没有利用这一职务上下其手，为自己营私，他很认真地尽自己的粮长之责。逢灾荒之年，百姓无力按时偿还官府赋贷时，沈恒首先领乡中父老至官府诉求，请延缓至下一收粮期；百姓在不能交足税粮时，往往借高利贷，陷入债务泥潭，沈恒则尽自家之力提供无利息贷款，乡民甚感其恩德。而其时儿子的才能使沈恒感到自己多了一只臂膀，有些事情可以转交儿子办理，于是沈周常常随沈恒来往官衙，渐渐熟悉了乡里诸事。这时他才十二岁。

不过担任粮长终究不是沈恒本志，他更喜欢的是驾扁舟入城，留宿禅寺，对僧临月，焚香品茗；或者于风和日丽之时，着古冠服，登楼眺望山溪佳景，备酒席与客对饮，谈诗论画。粮长的杂务不啻让沈恒头痛的恶俗，除了催粮押运，有时还要面对官场的陋习和钩心斗角，这些都是沈恒避之唯恐不及的。有一次，当时的长洲知县故意在粮租上为难沈恒，将一介书生弄得手足无措。小小的沈周竟凭自己一年来对经手租税事务的了解，呈文为父亲辩白，文中字句老练，述理明晰。知县在惊讶于如此少年竟有如此笔力、见识之余，也不再为难沈恒。这件事给沈周带来了很高的声誉，也使沈恒更放心地把更多事情交给沈周处理。

细看此图,可见杂树掩映之下,有小径通向人家。一时间,寂静山野活力骤增。

四松图
明代,纸本设色
154厘米×60.3厘米
美国大都会艺术博物馆藏

二

正统六年（1441），一个天高气爽的秋日，十五岁的沈周来到南京，他是代替父亲作为粮长来听宣的。对于沈恒来说，十年的粮长之任将他折磨得心力交瘁，即使顾虑到儿子年龄还小，也不愿自己再做这些事情了。对于沈周来说，这是他人生中第一次来到这么远的地方，独自面对一个完全陌生的世界。虽然父亲也托本县其他粮长多多关照，然而在他心中，既充溢着兴奋，又有隐隐的担心。

所谓听宣，就是粮长每年秋季到京城面听宣谕，领取勘合（古代一种两联单式的符契文件，骑缝加盖官府印信，使用时撕剪下来，双方各执一半，供日后校勘对合之用）后，再回乡催办秋粮。明朝自永乐帝迁都后实行的是两都制，北京和南京都是都城，都有一套中央政府机构，南直隶的粮长每年都是到南京户部听宣。

这一年的户部主事是崔恭，一位雅尚文学的官员，沈周在家里就听说过了。当沈周在南京城里住下，等待宣谕的日子里，他忽然兴起了献诗的念头。少年沈周对自己的才能是自信的，他希望在熟悉自己的人之外得到肯定，并非出于客气和爱屋及乌的那种肯定。于是他精心写了一首百韵诗，来到崔恭的宅第外求见。崔宅的仆人自然不会放这样一个无名的年轻人进去。不能面见崔恭，只好请仆人转呈。诗稿呈上去了，沈周却不安起来：这位崔大人对自己的诗会做何评价？对自己献诗的行为会有何看法？会不会给他留下年少轻狂、自以为是的印象？毕竟自己只是布衣，并且是作为粮长来的。

听宣的日子到了，崔恭并未派人来召见他，这让沈周有些失望。也许崔恭遇到想得他赏识的青年文人太多了，献诗邀名的事也习惯了。沈周略微带些忐忑的心情，随着各地粮长走进户部的衙门。他看到一位官员坐在大堂上，很儒雅的样子，应该是户部主事崔恭。他没想到崔恭也在人群中注意到了他。沈周这天的穿着是寻常的青衫方巾，文质彬彬，但在一群绸衣绣袍中间，反倒显得卓尔不群。而且沈周的容貌确实俊逸，眉目清秀，风格洁修，崔恭一见就先有了几分喜爱。他把沈周叫到人群前面，问：

"前日送百韵诗之人，就是你了？真是你自己所作？"

沈周听到这样一问，立刻放心了。原来崔大人只是怀疑自己没有写出这样作品的能力。他躬身称是。"那你可敢让本官当面一试？"

"请大人出题。"

崔恭点点头,说:"刚才见到你,忽然想出一上联,你来对出下联吧:书生粮长,打粮长不打书生。"

沈周脱口对出:"父母大人,敬大人如敬父母。"

崔大人不由莞尔一笑,说:"这个对子让你讨巧了,我再出一题。南京有凤台山,当年李太白游历到此,写下《登金陵凤凰台》一诗,你可读过?"

沈周答是,朗声背诵:"凤凰台上凤凰游,凤去台空江自流。吴宫花草埋幽径,晋代衣冠成古丘。三山半落青天外,二水中分白鹭洲。总为浮云能蔽日,长安不见使人愁。"

崔恭说:"李太白才情超迈,自是后人不能及万一,但也不妨同题同作,你能否现在写一首《凤凰台歌》?"

"晚生愿勉力一试。"

沈周的自信让崔恭惊讶,也让堂上两厢站立的众粮长惊讶。有人暗暗摇头,为沈周捏一把汗;有人很不耐烦——本来听宣就是程式性的,只要领了勘合就可以回家了,哪想到这位崔大人来了雅兴,不知还要拖多久;也有人在心里幸灾乐祸,等着这个不知天高地厚的少年七步不能成诗,出乖露丑。

衙役抬来一张书案,放在厅堂中央,案上摆好了笔墨纸砚。沈周稳步走到书案前,提笔在手,略作沉吟,挥毫疾书,文不加点,顷刻而就。崔恭原以为在这么短的时间里,能写出就已不错,不料一读之下,竟词采斐然,不由拍案赞赏:"君真王子安(王勃)才也!"他望望垂手站立的沈周,说:"不想你小小年纪，才高如斯，本官有意奖赏，你想要什么？"

沈周躬身说："晚生不知天高地厚，大人若能开恩免去家父粮长之役，晚生感激涕零。"

崔恭点头，说："孝心可嘉，本官应允。"

沈周大喜，施礼答谢。

崔恭起身走到沈周面前，牵起沈周的手："小友有此高才，已属难得，少年高才而毫无骄矜之色，更为难中之难。假以时日，蟾宫折桂，当不作第二人想也。"

沈周大窘："大人谬奖，晚生惶恐。"

当沈周踏上返家的路程，乘船沿长江而下时，心情是十分愉悦的。能获得崔大人奖赏，怎么也算得上是一件光彩的事情；父亲也终于免去粮长之役，从此不必早出晚归去征粮，也不必霜行露宿去送粮，更不必为征不够粮租而垫赔，他从此可以心无余虑地饮酒作画、登临赋诗了。至于崔大人最后鼓励进取功名的话语，倒是沈周此前不曾考虑过的。沈氏以隐逸为家风，虽然很注重对沈周的教育，但并不是以科举及第为目标的。他跟随陈孟贤先生读书，所学也是以诗文词韵为主。如果想去考个功名，必须要学试帖、制艺，特别是真要考进士、中状元的话，不在八股文里摸爬滚打是不行的，那又太枯燥无趣了。但是金榜题名、蟾宫折桂对于任何一名读书少年来说，也还是有诱惑力的。

沈周走到船头，迎着萧萧江风，飘飘白云，望着湛湛天宇，滔滔江水，心中忽然涌起"羡长江之无穷，哀吾生之须臾"的感慨。应该做些什么，才能不枉此生呢？像崔大人这样，居庙堂之上，夙昔国事，史册留名；还是像祖父、伯父和父亲那样处江湖之远，流连山水，悠游自适？

沈周并不急于探求答案，现在也不必得出答案。他遥望水天之际，只感到无比惬意。从苏州往南京的途中，因为人生中第一次远行的那种忐忑，他不曾注意沿途的风景，现在要回家了，而且是带着意外的惊喜，似乎这碧涛两岸的青山也格外亲切起来。沈周的神思在这秀美的风景中飞翔，他心中涌起一种从未有过的轻松愉悦的感觉。

沈周返身走进舱中，他想写诗把这种感觉表达出来。诗很快便写了出来，但总感觉并不能确切传达刚才的感觉。事实上，和前人赞美大自然的灵动诗句相比，沈周觉得自己的诗太笨拙生涩了。他有些泄气，而舱外的风光仍在眼前闪现，语言不足以描述，更不足以表达神思在其中飞翔的感觉。

沈周的心中忽然生起一个念头：如果能够画下来，把触动自己的最优美、最微妙之处都直接呈现于笔端，岂不是更好？

他虽不曾学过绘画，但毕竟出生于绘画世家，祖父、伯父和父亲都擅长丹青绘事，他们作画时，沈周常常在旁侍奉笔墨，潜移默化中，他很自然地在闭目遐思中，把刚才满目的青山碧涛组织成一幅幅画面。

家里已经得知了消息，日日计算行程，等着沈周归来。最高兴的当然是沈恒了：儿子在外扬名也罢了，帮他摆脱了粮长一职的困扰才着实让他痛快。沈周到家时，在家中等着欢迎他的，除了父母，还有伯父沈贞和伯父、父亲的一位朋友刘珏，是沈周早就熟识的。沈周一一拜见了众位长辈，又和小弟沈召及几位妹妹见过，众人在客厅中坐下，听沈周讲述这次南京之行。在长辈面前，沈周不敢有丝毫得色，用很平实的语气叙述了自己如何向崔大人上百韵诗，崔大人如何惊疑不信，如何面试，自己又如何当场赋《凤凰台歌》。沈贞、沈恒均微笑不语，刘珏却毫不吝惜自己的赞美，一边听一边感叹。沈周说完，刘珏击掌说："启南名动金陵，亦是我吴中士林一大佳话。我来赠你一首诗。"说着让沈恒家中仆人准备笔墨。沈恒笑道："廷美兄不要宠坏他了。"

刘珏不以为意，提笔挥毫，众人围拢过来，只见是一篇七律：

> 慷慨襟怀俊逸才，壮游初上凤凰台。
> 金陵歌舞无心恋，一夜庭闱入梦来。
> 木叶暗随秋露下，江帆寒逐暮朝开。
> 清时莫道功名晚，桃李公门次第栽。

刘珏虽和沈家交往密切，与沈贞、沈恒是多年知交，但他不像二人那样绝意仕途，三年前他已考中举人，现在写了这首

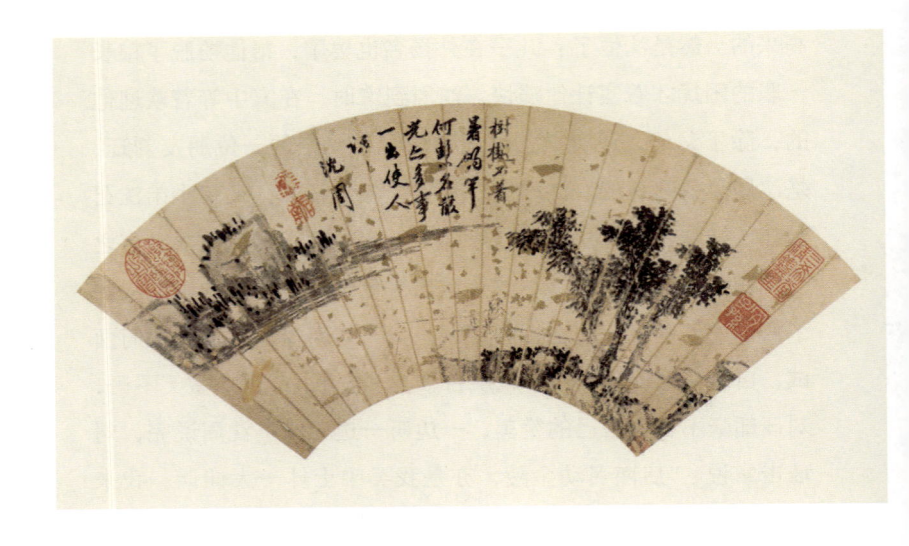

画面平坡上一老者垂钓。沈周笔法细挺而有致，尤其点叶笔极老辣。

自题：树樾不着暑，钓竿何系名。严光亦多事，一出使人评。沈周钤印：白石翁、启南。画上另有收藏印：三希堂精鉴玺、宜子孙、乾隆御览之宝。裱纸钤印：乐寿堂图书记、石渠宝笈、重华宫鉴藏宝。

树荫垂钓图

明代，扇面画
50厘米×18.5厘米
台北故宫博物院藏

诗，尾联"清时莫道功名晚，桃李公门次第栽"，显然是希望沈周能考举人、中进士，而这有悖于沈家家风。所以沈贞看完后说："卿居心不净，乃复强欲滓秽太清邪？"——借《世说新语》中的话和他开玩笑。大家一笑而散。

　　刘珏的劝勉也未见起到多大效果。时隔不久，沈周随伯父沈贞认认真真地学起绘画来。

三

对于中国古代文人士大夫来说，诗文是必备的文艺修养，绘画在各种艺术门类里的地位并不是很高，掌握了绘画技能固然是一件雅事，不擅此事也无大碍。但反过来若不能写诗作文，则绘画技艺再怎么高超，也只是画匠而已，是不能跻身士林的。或者可因此与达官贵人结交，但社会地位总是不高的。在沈周之前，戴进可以说是明代画坛最杰出的画家了，曾被召进宫廷，当他返回故乡杭州，也只能以卖画为生，晚景是比较凄凉的。这也是为什么沈周出身于绘画世家，却直到以诗扬名后才开始正式学画的原因。

沈周是和堂弟沈耘一起向沈贞学画的，他的天赋和在家庭的艺术氛围中多年熏陶的效果很快展露出来。中国传统山水画讲究的是"气韵生动"和"意在笔先"，沈周已有很深的文艺修养，虽未专门学画，但随侍祖父、伯父和父亲左右，看他们作画的机会多不可数，对于绘画中的山水林泉、烟云雾霭，早已在感性上多有领悟。一旦执笔，出手自是不凡。多年后唐寅看到一幅沈周在此时期的画作，大为叹服，题诗云：

> 翁昔少年初画山，苍松苍竹杂潺湲。
> 直疑积雨得深润，不假浮云相往还。
> 世外空青秋一色，岩前远黛晓千鬟。
> 天台鹤鹿同人境，尚恐翁归向此间。

沈周的学习环境是令人钦羡的。沈贞和沈恒对沈周自是悉心教导，两人的朋友也多是丹青高手，沈周因早慧得以自幼陪父亲应酬迎送，随着年龄的增长，这些人将沈周视为小友，关系至为亲切。沈周学画，他们当然不吝指教帮助。其中对沈周影响最大的是杜琼和刘珏。他们和沈贞、沈恒都是同乡加同门的好友，都是陈继的学生。而陈继也善于绘画，与"元四家"中的王蒙、倪云林曾有交往，从陈继到杜琼、刘珏、二沈，都是继承"元四家"水墨画传统的文人画家。杜琼在陈继的学生中成就最著，是沈周在绘画上唯一正式的老师。

杜琼，字用嘉，号鹿冠道人、东原耕者，世称东原先生，是当时画坛名流，山水、人物画功力颇深，且擅书法、诗文。沈周从杜琼这里学到了终身受益的学习方法："我师众长复师古。"杜琼曾经拿出自己收藏的元代大画家赵孟頫的四幅真迹，让沈周仔细体会。他告诉沈周，这四幅是赵孟頫仿晋唐名画，每图各师一家，足为神妙之极，后进者不可不师。杜琼为沈周详细讲解了绘画发展史的脉络：秦汉画工有名流传的屈指可数，但画迹渺不可寻。晋唐之世，名家辈出，顾恺之、陆探微、张僧繇、吴道子的画作尽显六朝谢赫在《古画品录》中所云"六法"之精要，可称神奇。唐代的山水画中，著名画家以李思训、李昭道父子为宗，水墨山水则要数王维。五代时荆浩、关仝是画北方山水的著名画家，董北苑（董源）则独创"披麻皴"，用以画江南山水，其后巨然得其正传，更显秀润。宋代山水画家中出类拔萃的是李唐，马远和夏圭也能自成一体，他们都是院派画家。元代赵孟𫖯天资英纵，广泛吸收名家之长，一扫南宋院体积习。黄公望、倪瓒、吴镇、王蒙都能上追董源、巨然而自成一家——黄公望任意得趣，笔墨洒脱，萧散苍秀；倪瓒用笔清简，萧瑟荒寒；吴镇笔法雄劲、墨气浑润；王蒙笔法苍浑，蓊郁秀逸。

这些名字，沈周也都听说过，有的还是耳熟能详的，但从没有像今天这样脉络清晰地在眼前展示出来，他有一种豁然开朗的感觉。

在东原先生的指导下，沈周开始近乎狂热地临摹古人画作，常常面对一幅画日夜不息，无数次地揣摩临摹，学习古人的用笔用墨、构图布局、风格气韵。沈家本是书画世家，收藏有许多古书画，沈家的亲友也多雅好此道，使沈周很方便地就能找到丰富的资料。杜琼所持的"既不可不知门户，更不可自囿于门户"的态度对沈周影响很大。沈周的临摹对象以董源、巨然和元人为宗，不弃他家，悉取众长：既有董、巨画风，也有马、夏画风；既有水墨、浅绛山水，也有青绿、金碧山水。除了古代名家，沈周对于当代画坛也很留意。在沈周的时代，画坛上最盛行的是官廷绘画与浙派绘画，二者都渊源于南宋院体画风，形成了以继承和发扬南宋院体画风为主的时代风尚。杜琼等苏州一带崇尚元人的文人画家并不具备全国性的影响力。浙派以戴进、吴伟为代表，他们作为职业画家，虽被文人士大夫视为"画工"，但是画艺精湛，技法全面，山水画成就尤为突出。这些画家凡有可取法之处，沈周都虚心摹习，集众长而取之。这为他以后在绘画史上取得大师地位奠定了坚实的基础。

四

正统九年（1444），十八岁的沈周迎来了他的终身大事，女方为常熟沙头（今太仓沙溪）陈家。妻子陈慧庄是无可挑剔的，容貌秀丽，性格夷淡柔静，知书识礼，沈周与她婚后相得甚欢。沈周的祖母朱老太太喜好佛典，慧庄嫁到沈家后，侍奉老太太起居非常恭谨，老太太每次诵读佛典前，都由慧庄先为她做好句读。对于这样一位贤妻，沈周是满意的。

陈家与沈家也可谓门当户对，沈周的岳父陈原嗣博书好礼，与沈澄一样是位征士，即曾被朝廷征召而未肯做官的人。陈家是常熟富户，家中收藏书画甚多。婚后一段时间里，沈周住在岳父家，继续他在绘画艺术上的追求。他的才华很快得到了当地士林的赏识，他结识了当地名士俞景明。俞氏亦沙头旧族，两人意气相投，有着在文学艺术上的共同爱好，成为终身好友。三十年后，当沈周闻知俞景明去世的消息时，写了一首长诗《得俞景明讣》：

> 忆初识君地，乃在东海头。
> 元龙此地主，馆之百尺楼。
> 与君叙维私，两好结绸缪。
> 遂令东鄙人，夸为双骅骝。
> 酒间事韵语，意气超曹刘。
> 评书竹几净，披画松堂幽。

他们同事声韵，切磋技艺，饮酒赋诗，评书品画，被当地人誉为"双骅骝"。在常熟的活动，对沈周的书画艺术的进步不无益处。

当沈周满怀热情地投身于自己平静的艺术天地之时，明朝的政治生活却发生了一次巨大的震荡。正统十四年（1449），北方强敌蒙古瓦剌部大举南侵，明英宗轻信太监王振谗言，草率地带兵迎战瓦剌军队。土木堡一役，明军全军覆没，明英宗被俘，史称"土木堡之变"。瓦剌军进逼北京，在兵部尚书于谦的坚决主张下，廷臣拥立明英宗的弟弟继位，年号"景泰"，于谦带领北京军民齐心合力击退了蒙古人。

沈周远居江南，仍然非常关心国事。他写的一首七言律诗《己巳秋兴》记录了当时的心境：

> 灯火郊居耿暮秋，北风迢递入边愁。
> 三更珠斗随天转，万里银河接海流。

春云叠嶂图

明代,纸本设色
152.2厘米 × 43.2厘米
故宫博物院藏

雾岚缠绕山间,苍松杂树丰茂。沈周的笔法一贯的细秀缜密,格调清新。

筹笔简书何日见，新亭冠盖几人游。
侧身自信江湖远，一夜哀吟欲白头。

虽然自信远离边地，不会遭池鱼之殃，然而国家罹此大难，仍让他"一夜哀吟欲白头"，诗中忧国之思呼之欲出。从这首诗可以看出，沈周虽未出仕，但他并非忘世者。他与退隐山林、超然尘世的隐士不同，他身隐心未隐，名更未隐，仍然与世相接，承担自己作为一名大明子民所应承担的各种责任与义务——除了做官。

第二章

隐兮隐兮君子儒
高山流水几知音

六月添衣唤僮子,自画雪图茅屋里。
玉花出笔飞上树,惨淡阴山无乃是。

——《暑中题雪图》

一

　　一般而言，出仕是中国古代文人理所当然的选择。在儒家"学而优则仕""君子以自强不息"的积极进取的伦理观下，在社会"天子重英豪，文章教尔曹。万般皆下品，惟有读书高"的价值观下，出仕做官是文人必然为之奋斗的目标，是人生价值的体现，也是谋生的手段。但另一方面，在政治混乱的时代，或者是出仕的正常途径被阻断，或者是做官本身成为一件很危险的事，这时候，隐居就成了另一种常见的文人生活状态。对于已经居官在朝的文人而言，官场上的不如意和疲倦也使他们向往退隐的生活，渔樵或田园生活是他们笔下永恒的主题。

　　沈周所处的时代，相对来说在明朝还算正常。开国帝王对朝臣的杀戮已经像一场噩梦一样成为过去，沈周经历的这几任皇帝算不得是有为的明君，却也并非让文人士大夫胆战心惊的昏君暴主。在"仕"与"隐"之间，年轻的沈周还没有做出明确的抉择。他受的是正统的儒家教育，又有诸生的资格——那是在二十二岁之后的几年中在长洲县学和苏州府学习的过程中获得的。而明代官办的府、县学的功能就是培养参加考试进而跻身仕途的候补文官。沈周在官学中做生员，表明他并不决然排斥出仕的可能。奇怪的是，他从未参加过一场科举考试，连取得最起码的功名的努力都未做出过。以他的才华和学问，没有人相信他不会科场得意。"仕"与"隐"是一个必须解决的问题，沈周却在有意无意中拖延解决问题的时间——他当然不急。他没有家庭压力，不像其他无数家庭把希望寄托在家族的读书郎身上，望子成龙，以求鸡犬升天，他的家庭本就以隐逸传家。他也没有经济压力，家中有数百亩田地，足以支撑家庭开销。

景泰五年（1454）的某日，一封书信将"仕"与"隐"的问题不容回避地推到了沈周面前。

信是苏州府知府汪浒大人写来的，大意是朝廷诏令各地举荐贤良方正入朝，苏州府决定以沈周为本地人选，让沈周速做准备。汪知府打算举沈周应贤良的征召，当然不是心血来潮。根据规定，被举者必须确实是德才兼备、深孚众望的地方名士，若所举不实或不能令朝廷满意，地方官要负连带责任的。沈周虽只二十八岁，但才华横溢，且早有重名，自然是最合适的人选。

在沈周而言，惊讶之余，却不能不慎重考虑。举贤良是踏入仕途的一个比较高的起点，省去了一场场枯燥无味的八股考试，也省了为升迁而经受的一层层磨勘考察。二十八岁还很年轻，唐代就有"五十少进士"的说法，五十岁考中进士都不算晚，何况二十八岁举贤良呢。想出仕，这无疑是一个最佳时机，将来的发展是不可限量的。但是，自己真想做官吗？

正在书房内句读佛典的妻子慧庄，发觉了丈夫的异样。她走到沈周身后，从他手中抽出信笺，看了看内容，说："原来是要做官啊。相公不想去，是不是？"

沈周抬头望望妻子，一笑："做官有许多好处，不去会很可惜的。"

"有什么好处？你说出来，我帮你驳，驳不倒你再去好了。"

沈周"哦"了一声，半开玩笑地说："第一件就是可以带你去逛京城，不仅逛南京城，还可以逛北京城。"

慧庄一撇嘴，说："谁稀罕，京城除了官多、官大，还有什么比得上我们苏州城？"

"就算你驳倒了吧，不过像你这样想的人可不多。"沈周道，"第二件就是可以不交赋税，可以免去官府的差派徭役。"

慧庄想了想说："我们是百姓，交粮当差是理所当然的。都不交粮，谁来养活做官的？不过对我们家来说，这倒的确是一件绝大的好处。如果相公认为我的话没有说服力，这件就当没驳倒好了。"

沈周笑着连连说："驳倒了，驳倒了。贤妻深明大义、义正词严，人人都有这样的想法，就是我朝之幸啦。不过这第三件好处你就驳不倒了：我如做官，就可以封妻荫子，你将来可以

画中小景充满诗意。白云以淡墨渲染出飘荡之态。远山以淡墨虚化，近景则点画写实。画中人登高杖藜眺望，令画面有了延伸感，意境也随之深入。题识："白云如带束山腰，石磴飞空细路遥。独倚杖藜舒眺望，欲因鸣涧答吹箫。"

杖藜远眺图

明代，纸本水墨
38厘米×59厘米
美国纳尔逊艺术博物馆藏

做皇封的诰命夫人，人人尊敬的封君。"

慧庄摇摇头，轻声说："只要能和相公厮守，那些东西要来作甚？"

沈周不禁握住妻子的手，动情地吟了《诗经》里的一句诗："执子之手，与子偕老。"慧庄轻轻倚在沈周肩上，说："其实相公根本不想做官的。相公只是出于为人子、为人夫的责任，觉得有这样一个机会而轻易放弃，对不起全家人。可是我们祖上从未把做官看成荣耀之事。相公，听从你内心的召唤吧。没有理由为拒绝而内疚，但如果你真的答应了出仕为官，恐怕难免要终生后悔。"

沈周肃然："你不仅是我的贤妻，更是我的良友。我何尝不作如是想，但我怎能漠视我的责任呢？这样吧，让我卜卦决疑。你把我的筮草和《易》书拿出来。"沈周从小读书过目即能默识，长大后凡经传、子史百家、山经地志、医方卜筮、稗官传奇无所不读，都能涉猎大要，掇其英华。在他的书房里，试帖制艺的八股文很难找到一篇，卜筮的书籍用具则是必备的。慧庄将筮草交给沈周，看他凝神决算，她拿着《易》书默立一旁。沈周筮得遁卦之"九五"，慧庄翻开书，找到遁卦，"九五"爻的爻辞为"嘉遁，贞吉"，明白地显示应该隐遁。

二人合上书，抬头相视一笑，心中同时升起一个念头：天也从人愿！

二

　　世界上的事情往往很奇怪，不想到朝廷做官，只需一封回信婉拒就可以了；而不想在乡里做粮长，竟是无法推辞的。沈周的父亲做过粮长，沈周少时随父公办即已熟知其中甘苦，现在又被乡里推为粮长，心中叫苦，却推辞不掉。此时粮长的地位同于差役胥吏，比他父亲时又大不如了。偏偏在他任粮长后江南地区又连逢天灾，而始于景泰五年（1454）延续至景泰六年（1455）的灾情尤为严重。景泰五年春正月，连下了二十天大雪，太湖诸港连冰，畜木尽死。夏天又有洪水泛滥，冲毁民宅无数。秋天却出现了严重的大旱，庄稼尽皆枯死，米价腾涨，贵如珠玉。同时又爆发了大规模疫情，饿死病死之人载道。景泰六年夏，情况进一步恶化，大疫，地震，亢旱，秋歉，百姓无以为生，大批逃亡，在籍的农户也多无力缴纳田赋。沈周体谅乡民的处境，不忍心强征，但知县并不体谅沈周的难处，征不够规定数额的田赋，便责令沈周如数垫赔。

　　然而差额太大了，沈周自家也因天灾蒙受了巨大损失，连续代偿，家中积蓄已空。慧庄连她的发簪、耳环等首饰都典当了。这些都是她的嫁资，按理应是伴她一生的。沈周劝她不必如此，她笑笑说："改年你再赔我新的就是了。"即便如此，粮租还是差了五百石。知县想杀一儆百，且沈周有些名望，办了他，其余粮长就不敢敷衍了。所以他毫不理会沈周的申诉，说："不要自恃名气大藐视本官，欠租五百石，本官将你羁押入狱，看你的家人能否筹来。"

沈周想不到竟会遭牢狱之灾，家中已掏空了积蓄，如何能再筹五百石粮租？在荒年，这绝非一个小数目。更让他想不到的是，很快他就被释放了，而为他补足五百石粮租的，是一位叫郭琮的同邑人。事后，他登门拜访郭琮，道谢过后，沈周问："不知晚生有何德能，令老伯厚爱相助？"

这位忠厚的长者微微一笑，说道："你可还记得你十三岁那年，令尊也因为田租事而被知县为难吗？"

沈周点头称记得。

郭琮说："当时你年仅十三岁，却能上书为父辩白，折服知县。只此一事，就足抵五百石米了。"

沈周这才恍然大悟，不想幼时的一件事情，竟在近二十年后帮自己渡过一次难关。

担任粮长使沈周在精力和财力上都付出了巨大的牺牲，以致很多年后仍心有余悸。他写的一本名为《石田翁客座新闻》的书中，记载了一则与粮长相关的小故事。

弘治中，常熟的桑民怿（桑悦）通判曾经到一位富人家里拜访，看到这位富人不做别的，只知道置办田产，就作了一首诗和他开玩笑："广买田产真可爱，粮长解头专等待。转眼过来三四年，挑在檐头无人买！"近年来百姓家如果有二三百亩田地，官府就会指派做粮长、解户、马头，如果有一百来亩也会指派其他差使。（一旦接受了这些差使，为了完成官府规定的任务）就会自己垫赔，家中的钱都赔进去了，就会把田地典当掉。再不能完成任务的，必然会被押入监狱限期缴纳足额，往往有人病死在狱中。往年一亩田值好几两银子，现在只值一二两人们还不愿意购买（都怕买田一多就被报作粮长）……当今民不堪命，致使百姓家破人亡。桑民怿之言虽说嘲讽那个富人，却也切中时弊。唉，真让人叹惜啊！

粮长制度几经变迁，粮长的处境和地位每况愈下，上面这则记载中所叙虽为弘治时期的事情，但想来其中也必然饱含了沈周自己在景泰年间当粮长而累偿缺额的辛苦。

由于平民的身份，除了做粮长，年轻时期的沈周也会被官府差派其他徭役，有一则流传非常广泛的故事即证明了这一点。

有一位曹知府，新建成一所察院，命令地方上的画工为影壁绘壁画。有一个想羞辱沈周的人把沈周的名字也列入画工的名单中，衙役们就闹哄哄地上门去找沈周。沈周对他们说："请不要大声喧哗，免得惊扰了我的母亲。我一定会去的。"有人劝沈周："这是贱役，你去拜访一下和你有交往的达官贵人，托他们说个情，不就可以免了吗？"沈周淡然回答："这是做百姓的本分，没什么可耻。去求权贵说情，那才可耻。"然后他换上普通的衣服，去做完了他的工作。后来曹知府进京述职，吏部的长官见到他就问："沈先生身体还好吧？"曹知府不知他问的是谁，就含糊地应道："还好。"再拜见内阁大学士李东阳，李东阳竟然也问他："你来京城，沈先生可曾托你带书信给我？"曹知府更加惊愕，应付道："有，只是还没到京里，应该会随我的手下带来。"当时苏州人吴宽在朝中为官，曹知府便仓皇去拜访他，询问苏州的"沈先生"是何许人，有何本领，竟和朝中这许多大员熟识。吴宽向他详细介绍了沈周其人后说："此人名重朝廷，五侯七贵，都不能和他相提并论。"曹知府非常吃惊，问："那现在怎么办呢？"他不仅没有带沈周的书信，连口信也没有。吴宽想了想说："我这里有很多他的画，你拿去送给各位大人，就说沈先生不巧病了，不能写信。"这位曹知府应付了诸上司，再详细询问手下，才知道"沈先生"原来就是那个画壁人。他从朝中回来，等不及回府衙就先到相城造访沈周。沈周很从容地接待了他，对前事毫不介意。

这则故事流传得太广泛了，而且起源也很早，在明朝嘉靖时就有记载了，以至于有不少人信以为真。可是仔细考察，这则颇具传奇色彩的故事也不无可疑之处。在沈周生活的时期，苏州历任知府中只有一人姓曹，即新蔡人曹凤，而曹凤任职苏州的时间是弘治十年（1497）至弘治十五年（1502），此时沈周已年逾古稀、名满天下了，曹凤即使是伧父浅人之徒，也不敢差派这样一位士林耆宿来给他做画工。在另外一则类似的记载中，召沈周绘壁的知府不是曹凤，而是汪浒，沈周也没有亲自执笔，而是带一名画工前往从役。汪浒在苏州知府任上的时间是景泰四年（1453）至景泰六年（1455），此时沈周在二十七岁至二十九岁间。也许汪浒正是在沈周从役期间对他有了较深刻的印象，从而于景泰六年举荐他应贤良。这则记载的作者是万历时期的苏州名士文震孟，据他说是从父亲文元发那里听来的。而文元发是文徵明的孙子，文徵明乃是沈周晚年最得意的门生，有此一层关系，文震孟的记载应有较高的可信度。

由此看来，"曹知府召沈周绘壁"虽只是一则传说，但又非凭空虚撰，而且其中也透露出若干可进一步认识沈周的信息。第一就是青年沈周作为平民，也要承担官家各种徭役。如果他肯参加几次科场考试，获得一定的功名，就能享有免服徭役和免交赋税的特权了；或者请父辈或自己在官场上的友人帮忙说情，也不难豁免某些摊派；如果接受了汪知府的举荐，入朝为官，享受的特权自然更大。但沈周都拒绝了，安之若素地尽一名百姓的义务。其原因，只能从沈周心中愈来愈明晰坚定的隐逸的人生准则中去寻找。

第二就是故事中反映出来的沈周的性格。传说虽是后人附会的，但往往是将真实的事情、观点加以变形、重组，敷演而成。在这则传说中，曹知府是附会的，曹知府对沈周前倨后恭的态度是附会的；但青年沈周画壁画是真实的，沈周交游广泛，与京中官员有来往是真实的，沈周表现出来的宽厚平和的态度也是真实的。因为这些真实之处，传说才会被人们认可和接受。沈周具有很深的儒学素养，心胸淡泊廓然，他恪尽孝道，注重礼仪，谦让平和，上至朝中显宦，下及乡间百姓，有口皆碑。这是沈周在人们心中的形象，也是这则传说成型的基础。

沈周宽厚豁达的谦谦君子之风不只显现在对待官员的态度上，对待普通朋友、乡下邻里，亦是如此，就像一块美玉，放在哪里都温润莹洁。有一次有人给沈周送来一部稀见的古书，他如获至宝，一见之下，爱不释手，当即就以重金买下。时隔不久，一位朋友前来拜访，在他书房中看到这部置于案头的古书，非常惊讶，对沈周说："这是我家遗失之物，怎会在你这里？"然后告诉沈周在书中某页有自己作的批语，沈周翻开一看，果然不错，于是很爽快地将书递给朋友，说："这是我不久前自别人手中购得。君子不夺人之爱，就物归原主吧。只不知是否尚为完璧，你检查一下。"朋友接过书，很是气愤："将此书卖予你之人，定是自我家窃走之人。此人是谁？必让他退回你的书钱，再拘送官府！"沈周笑道："既然已经失而复得，就不要节外生枝了，也许其中别有原委呢。"不论朋友如何追问，沈周终究不肯说出卖书人的姓名。朋友想偿还他购书所花的钱，他也不肯收。

还有一次，邻居家有一样东西找不到了，偏又看到沈周家也有这样东西，误以为是沈周家人取去。他不敢来向沈周讨要，就对别人抱怨。沈周听说后也不计较，让人把自家的东西给邻居送去。过了一段时间，邻居家的失物找到了，他就将沈周派人送去的东西又送了回来，很不好意思地对沈周说："这不是你家的东西吗？干吗放到我家里去？"沈周笑答："谁让你误把冯京作马凉呢？"

沈周不出仕，也就无所谓儒家"达则兼善天下"的问题了，但他隐居乡里并不仅仅"独善其身"。他十分关心乡邻的生活，谁家有急难，不论识与不识，他都会解囊相助；遇到天寒大雪的时节，到了吃饭时间，看到谁家没有炊烟升起，就让仆人从自家粮仓里挑些米送去。有人对他的行为不解，他也只淡淡说道："我怎能独饱呢？"在他的诗作中，常常可见关心民生的篇什，特别是在灾年，百姓生活困顿时，他的相关诗作中都会流露出深深的焦虑和无限的同情。这些无不体现了儒家"民胞物与"的博大胸怀。过了而立之年的沈周，逐渐构筑出自己的精神世界，向人们展示出他成熟的性格。

青绿山水图

明代，绢本设色
124厘米×55厘米
天津博物馆藏

这幅青绿山水图设色清朗、鲜而不艳，笔法细而不板，布局疏朗。后人认为，沈周的画，师法宋元，吸收了宋元青绿山水的长处，又能有所创造，所作的山水画能充分体现当时文人生活的悠然意趣。

三

天顺元年（1457），明朝的政治生活又发生了一次巨大震荡。而这次震荡，与正统十四年（1449）的土木堡之变有着直接的关系。

土木堡之变后，瓦剌军队挟持被俘的明英宗进犯北京，被以于谦为首的北京军民击退，英宗的弟弟朱祁钰登基做了皇帝，就是景泰帝。随后，在于谦等大臣的主张下，景泰帝很不情愿地从瓦剌迎回了英宗。英宗回到北京，被安置在南宫，实际是被软禁起来，受到了极刻薄的待遇。景泰八年（也就是天顺元年）正月，景泰帝得了重病，但是储嗣的问题还没有确定下来，众大臣决定在第二天上朝时进谏，请求皇帝早立储君。谁知就在这天夜里爆发了"夺门之变"，此次政变的策划人是武清侯石亨、左副都御史徐有贞和宦官曹吉祥等人，他们从南宫迎出被奉为太上皇的明英宗，并在第二天早朝时登上金殿御座，大臣们行礼完毕，才发现皇帝已经换了人，尽皆愕然。徐有贞趁机大喊一声："上皇复位。"群臣接受了这一事实，朝拜贺礼。

英宗改年号为天顺，废景泰帝，将于谦等景泰帝的亲信大臣或杀或黜，对助他复辟的众人则大加封赏，其中徐有贞以原官兼翰林学士，入阁参与机务——明朝废丞相，入阁差不多就相当于拜相。随后徐有贞又被封为武功伯，可以说极一时之荣。可惜好景不长，不久即被石亨等诬陷下狱，贬谪边远的云南金齿安置。

因为参与"夺门之变"，杀了忠贞正直的于谦，徐有贞被后世史官打入奸臣之列。不过与石亨之贪、曹吉祥之奸不同的是，徐有贞是一位能臣，平生深究经济之学，对于天文、地理、兵法、水利、阴阳、方术之书，无不博览。他曾被派往山东张秋（今山东阳谷）治河，以开分水河治黄成功，深得当地百姓和史家的称赞。张秋沙湾地区的百姓还编了民谣："昔也，沙湾如地之狱；今也，沙湾如天之堂。"但最终他也成了政治斗争的牺牲品。

徐有贞初名珵，字元玉，后改名有贞，明宣德八年（1433）登进士第，是苏州人，与沈周同乡，擅长诗文、书法、绘画。当他被从金齿放还苏州后，与吴中文人雅集交游，以其曾经入阁封爵的政治地位以及公认的文学才能，成为吴中士林的领袖。

徐有贞与沈周的父亲沈恒是朋友，沈周很早就和他相识，当听到徐有贞被贬谪金齿后，沈周还写了一首诗送他：

落日西风万里舟，布衣凉冷独惊秋。

楼台细雨飞玄鸟，江汉闲云卧白鸥。

天上虚名知北斗，人间往事付东流。

金縢莫道无人启，休把羁愁赋远游。

从这首诗里可以看出沈周一贯小心谨慎的政治态度。全诗基本上是对徐有贞个人的劝慰，期望他以开朗洒脱的态度对待挫折，不必在乎"虚名"，因为一切都会如水东流的。诗中看不出沈周的政治立场，在尾联中用了"金縢"这一典故，是他对徐有贞被贬的全部评论。这个典故源于周公。周武王灭商的第二年，患了重病。周公曾经筑坛祷告，愿以身代，然后将祝文封入金縢箱内。结果武王病愈，周公也未死。数年后，武王驾崩，年幼的周成王即位。周公的兄弟管叔等人于是散布不利于周公的流言蜚语，周公不得不离开。周成王长大后，很偶然地开启金縢，看到周公的祝文，深受感动，明白周公是遭到诬陷，于是召回了周公。沈周在这里用这个典故，很委婉地表达了他对徐有贞的祝愿。

送走徐有贞后大约一年，沈周迎来了他的另一位朋友刘珏。两人已有很长时间未曾谋面，刘珏中举后到京城太学任职，后被任命为刑部浙江清吏司主事（任职之所仍在北京），这时因为奔母丧回到了相城。刘珏字廷美，号完庵，他的儿子娶了沈周的姐姐为妻，而他自己比沈周大十八岁，可以说完全是两代人，但年龄并没有拉开两个人心灵之间的距离，更没有妨碍两个人成为终身知己。沈周在诗文、绘画方面都从刘珏那里受益匪浅，刘珏的人品操行也是令沈周尊敬的。还在刘珏年少时，当时的苏州知府况钟挑选名声清白家庭的子弟到官府做吏胥。元朝时候的吏胥很风光，往往在衙门中控制着大权，并且可以直接升任官员。明朝恢复、完善科举制度后，吏胥为官的路就被堵死了，除非去参加科举考试，否则很可能一辈子沉沦于僚属之列。刘珏拒绝为吏胥，况钟很喜欢他志向远大，就让他补博士弟子，后来考中乡试并有了举人的功名。再后来做刑部主事，自誓清廉，为自己的住所题匾为"清白"以自警，一切人情请谒，全部谢免。就在他因母丧在家丁忧时，邻县无锡一位因为受贿被押在狱中的知县，知道他和当权的某位官员关系很好，就秘密派人给他送去五百两银子，请他从中说项。刘珏断然拒绝，他说："你想把自己洗刷干净，却来弄脏我吗？不赶快走，送你去见官。"来行贿的人只好灰溜溜地走了。

刘珏也是相城人，住在相城北雪泾，与沈周的家相隔不太远。他回到家里不久，安置妥当，就来拜访沈周和他的父亲沈恒。沈家父子也已得知了消息，在家中等待老友的到来。相隔多年，乍一相见，大家都有无数的话语想倾吐——初见的寒暄，别后的思念，近来的状况，伴着书房外和煦的阳光、柔媚的鸟鸣，一一道出。很自然地，话题渐渐转移到了诗文书画上。沈周走到书桌前，将一张信笺摊开，上面用小楷题了一首诗。沈周说："这是听到完庵先生回来的消息后写成的，刚要送到府上去，不想完庵先生先来了。"

刘珏也走到书桌前，见信笺上写的是：

> 清白蜚声粉署郎，手扶削杖忽登堂。
> 十年头上长安日，千里书中阿母丧。
> 心血漫滋新眼泪，线痕偏感旧衣裳。
> 应知读礼黄苦畔，落尽缸花夜雨凉。

刘珏读罢，又低吟了一遍，说："启南所写，实获我心啊。"

沈恒劝道："死者已矣，还望廷美兄不要自苦。"

刘珏点点头。沈周又说："完庵先生近来可有作画？以前送我的几幅我都已临过了，这次再惠赐几幅新作吧。"

"我的都是信手涂鸦之作，哪里值得启南临仿？"刘珏口中虽谦逊，心中还是很欢喜的。

沈恒知道刘珏的绘画水平只在自己之上，不在自己之下，他的指点必对沈周有益，于是趁机让沈周取出几幅近作，请刘珏过目。

刘珏先约略浏览了一下，对沈恒笑道："猛虎未长成，已有吞牛之气。"

沈恒也笑着说："你又要让他得意了。"转头对沈周说，"你要明白完庵先生的意思，猛虎未长成，你还差得远呢。"

沈周急忙称是。

刘珏又一幅幅重新仔细看过，一边看一边品评，对沈周说出自己的意见，沈周虚心静听。刘珏将最后一幅看完，顿了一下说道："我有一点不明白。以启南之天赋和勤奋，成就应当不止于此啊？"

沈周一脸苦笑："完庵先生高抬我了。不过这几年做粮长，琐事缠身，确实于绘事用力不多。"

"怪不得。"刘珏又对沈恒说，"那你家可是一门两粮长，父子同患难了。"他忽然想起一件事，问："恒吉兄现在还贪饮杯中物吗？"

沈恒自我打趣说："溪山胜景当前，贤主嘉宾在座，不饮酒，何以为怀？"

"那我可要为启南一大哭了。"刘珏话一出口，三人均会心大笑。

原来沈恒喜欢对客豪饮，沈周本来没多少酒量，但为了给父亲助兴，也是杯至必干。于是宴席上常常出现这样的情景：第一个醉倒的人往往是沈周，最后一个醉倒的人往往是沈恒，父子两人倒也相映成趣。

刘珏的归来，为苏州文人增加了不少活动，他的居所"清白轩"，成了文人们经常访问的地方。

此画用洒金笺,画面为近景:三株枯柳居右,一株枯柳居左,中间有一亭。岩坡旁浓墨点成三五青苔。一高士位于画面左侧,策杖前行,似乎是想绕过树林进入亭子。画面布局巧妙,因此虽无远景,但意境无穷,景色无限。题句:"湖上清湾是子家,绿杨岸下水茳花。当年载酒曾相觅,一路寻得览物华。"

疏林亭子
明代,扇面
14.5厘米×40.3厘米
台北故宫博物院藏

四

天顺五年（1461），三十五岁的沈周终于得以从粮长一职脱身，他欣喜若狂的心情堪与陶渊明辞去彭泽令时相比，同样，这一事件也是沈周生活的一大转折。从此他不必劳心违志地去听无知小吏的呼喝，不必焦头烂额地奔走于官府与田户之间，他再不会清晨醒来就为能否征够粮租而忧心忡忡，也不会因风雨交至而担心运粮的路途是否能行。从此他可以按照自己的意愿安排生活，他可以长久地躺在寂静的书斋中，在窗外水木清华散发的芬芳中，任时间一点点流过；或者跨驴出游，在山冈间随意行走，而无须担心家中可能会有官府的檄文。最重要的一点，是他完全有了适意的心境和充足的时间沉浸到诗文书画的创作当中。这一时期的多首诗作抒发了他愉快的心情，如其中一篇：

渥露被草木，总翠一何荣。
濯发南窗下，但闻流水声。

不闻官长呵,骬肉今再生。
孔翠惩牛角,始剧丹霄情。
鸿鹄逃网罗,高秋正冥冥。
君子顺坎止,吾岂矫其名。

这首诗将他息役后的感受表达得淋漓尽致,诗意地描述了每日闲适的生活。"鸿鹄逃网罗,高秋正冥冥",与陶渊明的"羁鸟恋旧林,池鱼思故渊"相比,少了几分懊悔和自怨自艾,多了几分庆幸和想到今后生活的兴奋。陶渊明出仕,虽说是迫于生计,但毕竟是他自己的主动选择,而沈周从一开始就是被强迫的。

沈周在这一年对徐有贞和刘珏两位朋友兼亲家又是一迎一送,不过这次迎来的是徐有贞,送走的是刘珏。明英宗下了旨意,准许放金齿为民的徐有贞回原籍苏州居住。诏命是去年十二月发出的,因为路途遥远,沈周今年春才得到消息,而徐有贞尚在云南。徐有贞的政治生涯无疑已经终止了,明英宗可算是格外宽待他了,帮英宗复辟发动"夺门之变"的另两位功臣石亨和曹吉祥最终都未逃脱人头落地、抄家籍没的结局。沈周为徐有贞峰回路转的命运感到高兴,忍不住提笔赋诗:

万里南云远,三年归路通。
江山无逐迹,天地有春风。

往事金縢里，伤心玉璞中。
九重他夕梦，难忘渭川翁。

沈周仍然希望着，皇帝有一天会发现徐有贞是忠良，再重新将他召回朝廷，委以重任。对徐有贞而言，能够回到家乡，优游林下，得天年以终，已经是最好的结局了。

刘珏丁母忧的服丧期已满，被任命为山西按察司佥事。沈周为他送行时赠诗一首：

晋阳从此去，绣服豸黄金。
白发浮生宦，青山故国心。
骡网沙月冷，堠火塞云深。
后夜江南雁，令人忆惠音。

诗中没有那种客套、祝愿、恭维之类送别时常见的话，对于升阶赴职的朋友，沈周想到的是年华的老去，想到的是路途的艰辛，以及别离后的思念，流露出的是最平淡也最真挚的体贴。诗中主要是设想别后的情景，含蓄地暗示最值得留恋的是家乡和家乡的朋友，还是不要远去吧。

刘珏当然明白沈周的心意，他对沈周说："路途上的风波倒也罢了，人事上的龃龉，官场上的龃龉，实在让人身心俱疲啊。在京中时我就羡慕你了，家居三年，自觉乐甚，仕进之心，早已淡了不少。"

沈周说："那就在适当的时候急流勇退吧。"

刘珏点点头，笑了笑说："也许秋风起时，我想到我们江南鲈鱼莼菜的美味，也会学西晋的张翰弃官回乡吧。"

沈周明白，刘珏已经有了归隐之心。一个操行清白的人若想在官场上坚持自己的原则，毕竟太累了。他也希望刘珏归隐，在家乡，三五知己共游山水，切磋文艺，剪烛谈天，连床夜话，该是何等之乐？

沈周和吴宽的友情始于神交。吴宽，字原博，号匏庵，也是长洲人。他与沈周有着很多相似的地方，同样的好学上进，同样的少年成名，其诗词、书法备受士人们称赞，于书无所不读。然而与沈周更契合的是在性格方面，他静重醇厚，没有慷慨激烈之行，但总能以正自持，遇事绝不苟随于人；居家忠厚仁义，孝事父母，宽以待人。据说有位富人听说吴宽大名后，聘请他到家中设馆，教儿孙习字读书。这位富人家有个女儿，年方十六七岁，容貌秀丽。有一次，她偷偷瞧见年轻的教书先生一表人才，十分倾心，就每天精心烹制一碗肉煲，让身边的丫鬟送去。这位小姐不过是知慕少艾，也很正常。吴宽得悉小姐有意于他后，感到自己在别人家里身为西席，却牵涉进这种事情，于私德有失，便托他辞离去。从这件小事足可见出吴宽是位笃实君子。

吴宽比沈周小八岁，他钦慕沈周的才名，寄诗表达欲结纳之意。沈周也听说过吴宽的为人，回信与吴宽以平辈论交，并不因自己年龄和名气都大吴宽许多而有丝毫长辈、前辈的感觉。两人书信往来，作诗唱和，可谓"不须相见即相知"。

吴宽不同于沈周之处，就是他没有做隐士的念头。他第一次来拜访沈周，正值锐意功名却屡试不售的时候。沈周在自己于村落外独立修建的"有竹居"中接待了吴宽。当晚吴宽留宿有竹居，两人在烛光荧荧中相对而坐，谈诗论文。吴宽对沈周能画不无羡慕，言谈中流露出也欲学画的意思。沈周说："此事最耗时光，不花十年之功，难有小成。你正当用力科场之时，还是不要让雕虫小技扰心了。"

吴宽不由黯然："我少时以为考取功名如探囊取物，没想到屡试不利，科场困顿，现在无心再考了。"

沈周又劝慰说："凡事须持之以恒，最忌三心二意。我在你这个年纪的时候，决定了不出仕，从此一心一意，在大家眼中我成了隐士。你没有做隐士的念头，若再于仕途绝望，恐将隐不成，仕不成，此生一事无成，不可不慎重啊。"

吴宽闻言惊悟，说："多谢启南兄警醒，我必自强不息，以兄之语时时自励。"

由于吴宽，沈周还结识了另一位好友史鉴。如果说吴宽与沈周之间是由于为人品格的"物以类聚，人以群分"，因而相交莫逆的话，那么史鉴与沈周就是因在人生道路的选择上志同道合而声气相投——两人都隐居终生。

沈周用墨古雅,将四时花卉的
特点展现得淋漓尽致。

四时花卉卷
明代，纸本设色
21.7厘米×547厘米
美国大都会艺术博物馆藏

史鉴，字明古，号西村，苏州府吴县（今苏州市吴中区一带）人，和沈周同郡不同邑，因吴宽的介绍得与沈周定交。他比沈周小七岁，对沈周慕名已久，只是无由相识。后来他和吴宽偶然邂逅，一见如故，吴宽将他介绍给沈周。两人言谈契合，结为好友，吴宽后来赞二人为"吴下两逸民"。史鉴博学通古，也是少年得名，肆力诗文，熟知史学，对风俗、钱谷、水利等经世之学颇为留意。在性格上，不同于沈、吴二人的沉静儒雅，他属于露才扬己型，好与人辩，论说超卓，在势尊位显者面前也毫无惧色。他不乐仕进，家境富裕，居所列布园亭池馆，遍植花草竹木，室内则陈列鼎彝古器、书画佳作，可谓与沈周同趣。

五

　　沈周诗人的地位，这个时候已经完全确立了。在中国古代，特别是宋以后，写诗成为文人必须具备的修养，不会写诗等于自绝于文人士大夫的社交圈。明清时期文化较前代普及，文人的数量猛增，文人诗作的数量也相应大增。人人都会写诗，不代表人人都是诗人。在人人都会写诗的阶层中，要想成为公认的有成就的诗人反更不易。沈周的诗最早学唐人杜甫、白居易，后出入于宋诗，研习苏轼的长句、陆游的近律，不专仿一家，而雅正和平，浑厚清婉，裁剪精工，运思神妙，为世人推重。后来成为一代学者的都穆曾于此时随沈周学诗。有一次沈周问都穆近来可有得意的作品，都穆恰好写了一首《节妇诗》，自认为首联写得很不错，就读给沈周听，首联是："白发贞心在，青灯泪眼枯。"沈周听后说道："你没有读过《礼》吗？《礼》上说：寡妇不能晚上啼哭。何不把'灯'字改为'春'字？"沈周的记忆力和对作诗需雅正的要求令都穆大为叹服。而在绘画方面，沈周也逐渐进入成熟期，已隐然具备大家风范。沈周可考知的画作基本上是从此时期开始的，现在几乎看不到他天顺朝以前的画迹，也没有他以画赠人的有关记载。从天顺朝后期开始，沈周逐渐以画赠人，越来越多地将画用于社交活动中。这表明沈周自己也自信已经走出绘画的习作期，可以拿出来示人了，从另一方面看，也表明社会认可了沈周的绘画水平。

赋予绘画以社交功能，应该说是从沈周及其周围的人开始流行起来的新风气。此前的社交活动中并不排除以古画、名画为人情贺礼彼此赠送的可能，但是专门针对某一次交际行为或某一类型的社交内容，而亲笔或请人代为绘画，并且常常同时在画上题诗作序，使画作成为一种明确的社交手段，是从这一时期才多起来的。

成化二年（1466），徐有贞六十寿辰，沈周、杜琼和已从山西致仕归乡的刘珏联袂赋诗绘图，作为寿礼送给徐有贞。这幅作品一共五段画面，每段画面尺幅相同，第一段《脱屣名区》为杜琼作，第二段《芳园独乐》为沈周作，第三段《颐养天和》、第四段《放歌林屋》、第五段《游心物表》均为刘珏作。五段画面描述了徐有贞纵情山水的隐逸生活，赞颂他的高逸情怀。这样的寿礼，既雅而不媚，又切题应景。杜琼、刘珏都是久已成名的画家，沈周与他们合作，对于吴中画坛是具有宣示意义的。

第二年的五月初五，是沈周的老师陈宽七十大寿。为了给老师献上一份别致而又能表达自己心意的寿礼，沈周决定精心绘制一幅祝寿图。多年来老师的道德文章一直是沈周学习的榜样，所谓"高山仰止，景行行止"，用高山作为画作的内容正可以恰如其分地表达出对老师德行的赞颂和尊敬。而陈宽的祖籍在江西，江西有举世知名的庐山，以庐山为雏形的草图也就这样形成了。但沈周并不曾到过庐山，在沈周之前，关于庐山的画迹也很少见，只在古人诗歌或游记中，庐山的一些著名景观，如瀑布、五老峰、松树、云海等比较多地出现。沈周就从文字资料着手，再充分发挥想象力，完成了这幅《庐山高图》。沈周的用意，当然是追求画出庐山的"神"，画出庐山的崇高博大，以此比拟老师的人品。不过这幅凭想象画出的庐山图，即使从"形"上也让人一看就知是庐山：画面右上方造型奇特的五老峰、飞流直下的悬瀑、峻伟的山势、高大的松树——画者完全捕捉到了庐山的精华。

这幅画的另一个特点是模仿了王蒙"密丽"的画风，画面填得很满。雄奇的主峰逼近画幅顶端，画幅下端三分之二的部分，被纠结扭曲的山石填满，只留下曲折的河道透气。岩石扭转纠结的笔法、山顶上的小树、点苔等，也和王蒙的画法很相近。之所以采用王蒙的笔法，除了这种"密丽"能够很好地表现出庐山的雄奇峻挺之外，也还由于陈家与王蒙颇有渊源，陈宽的祖父陈汝言在洪武年间和王蒙曾有密切的交往。

完成了画作，沈周意犹未尽，在画的右上角又题了一首篇幅相当长的诗，进一步表达他对老师的推崇。诗中先吟诵庐山

的奇伟,由此引出对老师的颂扬:

> 陈夫子,今仲弓,世家庐之下,有元厥祖迁江东。尚知庐灵有默契,不远千里钟于公。公亦西望怀故都,便欲往依五老巢云松。昔闻紫阳妃六老,不妨添公相与成七翁。我尝游公门,仰公弥高庐。不崇丘园肥遁七十祀,著作撑撑白发如秋蓬。文能合坟诗合雅,自得乐地于其中。荣名利禄云过眼,上不作书自荐,下不公相通。公乎!浩荡在物表,黄鹄高举凌天风。

这幅图不仅诗中有画,画中有诗,而且诗画合璧,相互辉映。在沈周的艺术生涯中,《庐山高图》也许可以看作具有里程碑意义的作品。此前沈周的画作多为摹临,以盈尺小景为主;《庐山高图》一变而为大图,并且此后渐多,粗株大叶,天真烂发,不再拘泥于精工刻画了。

成化五年(1469)的正月十三日是刘珏的六十寿辰,也是一次姑苏文士的盛会。刘珏在山西为官三年后,于天顺八年(1464)弃官回到苏州。经过半生的奔波,没有了官身之累的刘珏终于能够像沈周一样纵情山水了。他纶巾鹤氅,神情萧散,与沈周等人盘桓江湖犹嫌不足,又在自己的居所另建别业,引水为池,垒石为山,中无杂树,芳草鲜美,虽由人作,宛如天开,号称"小洞庭"。

在刘珏的六十寿辰这天，来为刘珏祝寿的姑苏文士就聚会于小洞庭。沈周和父亲沈恒、伯父沈贞是来得最早的客人，随后徐有贞、陈宽、杜琼等人陆续到达，均是苏州一时俊彦。刘珏已在别业小洞庭中摆好酒席歌乐，每位客人一到即被延入酒席就座。大家公推祝颢为祭酒，主持酒席。祝颢也是长洲县人，刚直强毅，谈论潇洒，官至山西布政司右参政，与刘珏既为同僚，又同时致仕归乡。祝颢和徐有贞也是儿女亲家，祝颢的儿子娶徐有贞的长女为妻，诞有一子，便是后来在文坛及民间传说中均和唐伯虎齐名的祝允明，也即祝枝山。祝允明，字希哲，因为天生枝指，故而自号枝山。他自幼颖敏，五岁能写大字，九岁就已经会作诗了。祝颢对这个孙子非常溺爱，常带在身边，沈周与祝颢游处，对这个聪明的小家伙也很喜爱。

　　文人聚会总是离不开诗与酒，并且需要有一个比较别致的题目，才能使大家提起更高的兴趣。祝颢身为祭酒，担负的就是首先想好题目，最后总结评论的责任。在向寿星刘珏敬酒贺礼过后，祝颢举杯对大家说："古人相聚宴饮，一定会赋诗，所赋之诗又应情应景，称得上是斯文美事。我们今日之会，主人贤德，小洞庭美景奇胜，当然也不可以无诗。现在就请大家以小洞庭各景为题，每人作诗一首，为主人祝寿。"

　　这个提议得到众人赞赏，刘珏也非常高兴。小洞庭是他一手经营的，面积并不大，他设计了十景，分别是"隔凡洞""题名石""捻鬓亭""卧竹轩""鹅群沼""蕉雪坡""春雪窟""藕花洲""橘子林""岁寒窝",所谓的"沼""坡""窟""洲""林"等,都只是稍具形态而已,他煞费苦心地为每一处想了一个雅致的名字,起到了点景作用。若每一处再有诗作吟咏,无疑又为小洞庭增色十分。

小洞庭本是众人来熟了的,所以也不需出去寻景觅诗,分好了题目,众人或凭栏遥想,或踱步冥思,或坐卧吟哦。仆人们准备好了笔墨纸砚,谁一有得便径直走到桌前写下。不久众人都写好交给祝颢,由他评阅,为每一景选出最好的一首,再发给大家传阅赏析。祝颢选出的十首诗分别赋予十景以特色,洞以栖仙,石以纪游,亭以觅句,轩以留饮,沼以临书,坡以作画,窟以藏春,洲以消夏,林以虞秋,窝以度冬,既写了景,又写了主人乐事,可谓诗出而景生,阅者击节叫好。

这年的冬天,一连几日大雪后,天空放晴,整个世界银装素裹。沈周到小洞庭拜访刘珏,二人在窗下小酌,刘珏忽然来了兴致,说:"启南,我们进城去拜访魏耻斋如何?"

沈周说:"我也许久不见耻斋先生了,踏雪访友,正当其时。"两人于是各带一名童子,驾舟向苏州城进发了。

魏耻斋,姓魏,名昌,字公美,号耻斋。其人一张方正的国字脸,身材修长,不论春夏秋冬,布袍垂地,颇有古貌。他是杜琼的外甥,博学多识,善于鉴定三代以来迄于宋元的鼎彝器物及字画。有人买到没有题款或可疑的古玩书画,请他辨识是出于何时何人,往往能一锤定音。其为人清雅淡泊,不趋炎

庐山高图

明代，纸本设色
193.8厘米×98.1厘米
台北故宫博物院藏

作为沈周的代表作之一，此图细笔与粗笔兼具。沈周此图取法宋元文人画传统，山石、林木笔法虽仿王蒙，但更多一分轻灵，同时融合了王蒙的解索皴与董源、巨然的披麻皴法，笔法稳健。

附势，与人相处亦不苟言笑，苏州的士大夫们都愿和他交往。

刘珏、沈周来到魏昌家门前，问门房中的仆人："主人可在家？"魏家仆人认得二人是主人好友，告诉他们说主人在后园"成趣轩"，然后直接引二人去相见。魏昌家位于苏州闹市，前门当街，屋后有小河流过，遂在屋后种树凿池，叠石造亭，开辟出一座宛有佳致的园林。

在那名仆人引路下，刘珏和沈周穿过前厅和正堂，来到后园。不同于前厅和天井中已被打扫得干干净净，后园中仍是白雪皑皑，一片晶莹，连一条小径都未清理出来，只有两行脚印通向坐落在假山上的成趣轩。轩中有一人负手赏雪，正是主人魏昌。看到刘珏和沈周，他急忙迎下来。三人见过礼，魏昌说："今日大雪初停，我已料到必有雅客临门，早就吩咐下人在门前等候，有客来直接请到后园，不必通报。不过二位从城外赶来，实是意外之喜。"

说着将二人引到成趣轩中。这里是全园最高点，恰可俯瞰园中雪景。轩中已摆好了桌椅，桌上有茶品点心，也有笔墨纸砚。刘珏笑着说："面对如此佳景，公美一定诗思泉涌了。"

魏昌说："哪里。我正叹惜奈此美景何，二位驾临，必能替我捉景入诗。"

刘珏说："今日天晴，来此叨扰你的当不只我和启南，让我们再等一等。"

没隔多久，果然又陆续来了四位客人。四人分别是李应祯、陈述、周鼎和祝颢。李应祯擅长篆楷，为人守身持正，刚直不阿；陈述曾任四川参政，居官颇有贤声，离职后蜀人为之立祠奉祀；周鼎博览经史，三吴间大有文声，是史鉴的老师，曾于正统年间参赞军务。陈述、周鼎都和祝颢一样，已致仕居苏州。

祝颢来得最晚，见刘珏等已在，笑道："不约而同，不期而至，使我见主人之贤。"又环视园景说："若非置身其处，怎会想到闹市之中竟别有这样一片天地。"

李应祯说："可惜我们这批俗客煞风景了。"

"哪里话来，诸公降临，蓬荜灿然有辉矣。"

陈述说："良辰美景，赏心乐事，贤主嘉宾，可谓'四美具，二难并'。今日须有'三不可无'，方不为虚过——一不可无酒，二不可无诗，三不可无图。"

众人拍手称善。

魏昌说："酒席我已备下。这诗与图嘛，就请诸公尽兴发挥了。"说着引众人到一暖阁中入席。

酒酣兴发，陈述取过纸墨，首先作诗一首，其余人纷纷和作。魏昌道："现在酒已过三巡，诗也有了，画图的任务交给完庵先生如何？"

刘珏摆手："今天我可要躲懒了。"说着，向沈周一努嘴。

沈周正欲推辞，魏昌说："极是，我曾见过启南所绘《庐山高图》，笔力雄健，气势不凡。如此就有劳启南了。"

其余人也纷纷称是，大家都已比较熟悉沈周的画名了。沈周不再推辞，开始构思该如何着笔。如果只是将这园中的假山树石、亭台池馆如实绘出，其实也没有味道，毕竟太小了，更不能表达众人所感受到的山林之意。那么，他要呈现的是"意"，而非"形"，苏东坡不是说过："论画以形似，见与儿童邻。"

沈周这还是第一次当众执笔作画，他画得很慢，也很仔细。众人时而踱开去闲谈，时而聚过来围观。当这幅《魏园雅集图》慢慢成形，大家都不由击节赞叹。这幅画竟然完全脱略形迹，乍一看，毫无"魏园"的影子：画的主体是突兀而起的山峰，崖壁深谷，僻静空旷，没有目前所处的庭院屋宇，只有一座山间小亭，亭中有四人对坐，一名童子抱琴侍立，狭狭的山道上，一名文士曳杖向小亭走来。然而画中传达的意境，又分明是现在众人心目中所感受到的，是众人刚才在诗中所表达的"城市多喧隘，幽人自结庐""悠悠清世里，何必上公车"。

从魏昌家告别出来，刘珏对沈周说："启南，你现时于绘事已成自己风格，若再加砥砺，成就当不可限量。"沈周摇头说："完庵先生过奖了。其实我还只是在模仿古人，就像这雪中的路径，早已有人踏出，我只是在顺着走，不知何时才会自己踏出一条新路。"

阳光照下，明晃晃的雪地上，一条印满脚印的路通向前方，似乎看不到尽头。

魏园雅集图

明代，纸本设色
145.5厘米×47.5厘米
辽宁省博物馆藏

以诗酒文会、琴棋书画为主的雅集是明朝盛行于苏州文人士大夫之间的高尚娱乐，也是文人画的一个传统题材。此图记录了沈周与刘珏同赴苏州访友人魏昌，祝颢、陈述、周鼎、李应祯也相继而至，雅集于魏昌园墅的场景。

第三章

西湖胜概存笔底
此行逐渐开生面

谁放春云下曲琼,一重薄隔万重情。
珠光荡日花如梦,琐影通风笑有声。

——《咏帘》

一

　　山水风光进入中国古代文人的审美视野，是在魏晋以后。西晋"八王之乱"引得北方少数民族入侵中原，中原士族纷纷南渡，在江南建立了东晋王朝。南渡士族继续发展大地主庄园经济，对南方原来处于蛮荒状态的地区进行了大规模的开发。在开发过程中，明秀清丽的江南山水逐渐获得士族文人的青睐，而士族在政治和经济上的特权以及当时士大夫间流行的清谈风气，也使他们有更多的余暇去发现和欣赏山林之美。《世说新语》中记载东晋王献之对山阴风光的赞叹："从山阴道上行，山川自相映发，使人应接不暇，若秋冬之际，尤难为怀。"所谓"尤难为怀"，这种全身心地投入自然，从与山水无间的接触中获得精神愉悦，此前是没有的。稍后的大诗人谢灵运，放浪山水，常役使数百人凿山浚湖，探奇访胜，并将山水引入诗歌创作，确立了山水诗的地位。从此越来越多的诗人投身于自然之中，使山水成为主流的审美对象，并用诗的形式将之表现出来。发展到盛唐，终于出现了以王维、孟浩然等人为首的蔚为壮观的山水田园诗派。即使像杜甫这样忧国忧民的现实主义诗人，在《岳麓山道林二寺行》中也有这样的诗句："一重一掩吾肺腑，山鸟山花吾友于。""友于"即兄弟的代称，将山水看作自己身体的组成部分，将山间的生灵看作自己的兄弟，可见这位诗人对山水的喜爱也是毫无保留的。唐宋以后，"游山玩水"成为中国文人重要的生活内容。如果说严正刻板的"庙堂"里的制度礼仪从精神到行为上都死死地束缚着他们，那么"江湖"就是他们的后花园，他们会时时进来放松一下，或者干脆就将这里当作最终归宿。远离尘嚣的湖光山色，永无止歇的流泉飞瀑，四处飘荡的清风白云，婉转多姿的亭台楼阁，可以提供审美的愉悦，更可以陶冶情操，净化心灵，文人在纵情山水中，体验到的是道德礼教中所没有的自由。中国画家对于山水的注意要晚于文人。魏晋时期，山水还只是宗教画、人物画的附庸，六朝虽有了独立成科的山水画，但技巧还很幼稚，存在着"人大于山，水不容泛"的毛病。隋唐时期的山水画形成风格不同的两大主要流派：一是李昭道父子（即大小李将军），一是以王维为代表的水墨山水。可以说正是从王维开始，文人和山水画结下了不解之缘。山水画在宋代成为主要画科之一，出现了一批杰出的山水画家，从北宋全景式的大山大水到南宋用笔简括、章法高度剪裁的边角之景，创造了山水画的鼎盛时期。但这些人的主体仍是职业画家。北宋的董源、巨然、米氏父子延续了文人画的脉络。到了元代，文人画成为画坛的主流，文人和山

水画结合并长期沉醉其中的原因,可以用宋代郭熙在他的画论《林泉高致》开篇的一段话来解释:

> 君子之所以爱夫山水者,其旨安在?丘园,养素所常处也;泉石,啸傲所常乐也;渔樵,隐逸所常适也;猿鹤,飞鸣所常亲也……然则林泉之志,烟霞之侣,梦寐在焉,耳目断绝。今得妙手,郁然出之,不下堂筵,坐穷泉壑,猿声鸟啼,依约在耳,山光水色,滉漾夺目,斯岂不快人意,实获我心哉?此世之所以贵夫画山水之本意也。

也就是说,文人们迷恋山水,但当他们身处庙堂之上,或由于交通等种种限制而不能往游时,若面对一幅清雅的山水画,犹如置身于真山真水之中,同样能产生快意。

沈周既是文人,亦是隐士,又是画家,这种三位一体的身份,使他对山水的喜爱流动于血脉之中。"游山玩水"的要求更是不言而喻。但由于家庭负担及曾担任粮长等琐碎事务,他在前半生极少出游。成化三年(1467),长子云鸿成亲,女方是徐有贞的侄孙女;成化五年(1469),长女嫁昆山县学生许贞为妻。完成了这两件儿女大事,加之云鸿婚后又渐能承担起家庭的重担,这才使得沈周从烦琐的世俗生活中摆脱出来,可以认真考虑许久以来在心中酝酿的游览计划了。出游的首选目标当然是杭州了。杭州和苏州并称"人间天堂",西湖山水天下知名,素来是文人墨客心向往之的地方,而且距离苏州也不远。沈周本来早和刘珏、史鉴相约同游,但三个人总因这人那人有事耽搁,拖了三四年,才痛下决心,定好了出行的日子。就这样,成化七年(1471)二月,四十五岁的沈周以杭州之行拉开了后半生游访历程的序幕。这次同行的还有沈周的胞弟沈召。沈召,字继南,同样继承了沈家不出仕和绘画的家风,他善画山水,尤其是画长林巨壑,更显风趣泠然。沈周与弟弟自小就很要好,在成化四年(1468)沈召三十六岁生日时,他在扇面上写了三首绝句赠给弟弟,其中一首是:"躬耕力食我不厌,辛苦读书君自安。待取他年婚嫁毕,白头同话保家难。"可见"躬耕力食"和"辛苦读书"是兄弟二人共同的志趣爱好。

当沈召听说沈周要和刘珏、史鉴同游杭州后,也要求同往,其余三人自然欣然答允。沈周兄弟和刘珏都住在苏州城北面的相城,史鉴家在苏州城南面的吴江。二月四日,刘珏和沈周、沈召先乘船到了吴江,在史鉴家住了两天,然后四人带着几名童子,乘船同往杭州。

启程不久,竟然飘起了雪。此时已经二月,天气回暖,江南一带本很少下雪的。船到嘉兴,雪渐渐大起来,天色眼看暗下来,几人便泊在一个小镇上过夜。四人出来时没料到会下雪,身上衣衫都比较单薄。不过春寒并没有降低他们出游的热情,尤其是沈召,他知道几个人里只有刘珏曾到过杭州,兴致勃勃地要求刘珏为他作一幅画，画出杭州山水，沈周和史鉴也都觉得这是寒夜遣闷的好方法。刘珏于是在灯下展纸挥毫，为沈召画了《临安山色图》，并在图上题诗一首：

　　山空鸟自啼，树暗云未散。
　　当年马上看，今日图中见。

　　沈周三人击掌称赞说："观完庵先生画，湖山之胜，恍在眼前，不必南游了。"沈召又要求沈周和史鉴在画上题诗，二人也不推辞，史鉴题道：

　　山光凝暮云，风来忽吹散。
　　借问在山人，何如出山见。

沈周题道：

　　云来溪光合，月出竹影散。
　　何必到西湖，始与山相见。

　　一夜就在几人的作画题诗中过去了。第二天醒来，天已放晴，雪后的寒冷空气，令人精神为之一振。离开嘉兴，继续向杭州行进。不久到了石门，沈召忽然哦了一声："看，山！快到杭州了吧？"众人凝目望去，在天边隐约有几道峰峦起伏的痕迹。船夫回头笑答："那是临平山，离此有五十多里路，临平山过去还要走一段路才是杭州。"

几人站在甲板上，翘首远望，谈话中，五十里路却也不觉漫长。到了山下，一派奇妙的景色展现在他们面前。这时正是雪后初晴，临平山的重重山岭，全部被积雪覆盖，上下一色，宛如白纱披拂，在阳光照射下，反射出夺目的光彩。山上树木也被白雪包裹，如冰雕玉刻，布列在岩坡崖壁上。偏偏雪并不很厚，松柏等常绿植物的苍翠之色隐隐可见。放眼望去，只看到起起伏伏的雪坡，而临平山的断崖险谷在积雪中也变得平和柔顺了，整座山给人以返璞归真的感觉，就像仙姝玉女不做世俗艳媚之态，淡妆素服，却见风韵高洁，终异凡人。

沈周对刘珏等人说："未至杭州，先赏奇景，看来这回一定不虚此行了。"

从临平山再往西南行六十里，就到了杭州。沈周在杭州有一位神交了二十多年的朋友，此人姓刘，名英，字邦彦。沈周二十一岁时听说了他的诗名，曾寄诗一首：

> 越人到处说凝之，南国声华动所思。
> 每美好诗如好画，不须相见即相知。
> 长歌夜雨翻桃叶，短调春风补竹枝。
> 有约扁舟问奇字，玉罂新酒载青丝。

刘英得诗，也有回赠，两人从此书信交往，诗歌唱酬，只是一直缘悭一面。现在沈周到了杭州，便约刘珏等同去拜访刘英。于是四人让家童先往城西宝石山，他们各雇一顶肩舆进城。沈周这次来杭并未事先通知刘英，他们到刘英家才知道主人不在，沈周颇为惆怅，只好留下名刺（相当于名片）离去。

史鉴却认得一位朋友，姓诸，名中，字立夫，住在洪福桥附近，恰在往城西去的路上。几人前去拜访，诸中恰好在家，史鉴为诸中和刘珏、沈周兄弟相互做了引见，诸中很热情地请客人在家吃饭。吃过饭，史鉴邀请诸中陪他们一同去游赏。五人步行出了钱塘门，过石函桥，到宝石山下，和先行抵达的家童们会合。

宝石山上有座保俶寺，寺僧傅上人本也是苏州人，和史鉴相识，史鉴曾有赠诗说"明年不负登临约，应叩禅扉借竹房"，现在却应验了。傅上人听说史鉴等来访，赶出来迎接。寺院位于半山腰，禅房皆向阳而建，依山势重叠而上。

傅上人引客人来到一座阁楼上，正可下瞰西湖，视野开阔，一览无余。西湖三面环山，山皆天目山余脉，连冈复岭，蜿蜒逶迤，高下起伏，绵延三十余里，被杭州城从一面截断。西湖方圆达十几里，水面平坦，水汽氤氲。苏公堤如蛟龙出水，势若翻云卷雨，横亘在湖面。城中官府衙署、军队营房、居民屋舍以及寺庙道观，栋栋相连，鳞次栉比。举目东望，浙江仿佛白练拖曳，在杭州城下曲折萦绕，滔滔东去，直连海气，苍茫无际。众人都以为所站位置极好,不必登高穷远,大好风光即尽收眼底。

沈周倚栏四望,忽然心中一动,感觉远山近水,似乎透露出先贤的丹青笔意,有黄公望画中的气势雄浑、烟云流润,有倪云林画中的萧瑟荒寒、简洁蕴藉,每一个观望角度都能唤起沈周心中一种笔墨韵致。是先贤笔意取自山水,还是山水风光暗合先贤笔意?

这时傅上人摆出酒菜,大家立刻坐下,举杯对饮,沈周却恍若未闻,依旧穆然倚栏,神与物游,许久才回到座位上。

天色将暮,诸中想辞别回家,众人却不肯放,挽留他同在寺中歇宿。晚上灯下相对,都有如在梦中的感觉。尽管有了一天的游览,还是产生了几分怀疑:此身真在山水间了吗?明天醒来,今日所见不会消失吧?

第二天,众人起床不久,忽然有客来访,却是刘英。原来刘英昨天返家,看到沈周留的名刺,一早就出城寻访,找到保俶寺,正好遇上。刘英与众人虽素未谋面,相互闻名却很久了,大家一见如故,握手笑语。

用过早饭,刘英建议去西山游玩,并说:"西山的幽胜处大多位置深僻,游客一般朝往夕返,往往迫于日暮,佳处不得游览。诸位如想尽兴,应该有在山中过夜的准备。"

众人觉得这个建议甚好,于是把比较重的行李都留在保俶寺,只带了家童和饮食息宿的用具。

告别傅上人，出了保俶寺，沈周等六人各雇一顶进山的肩舆，家童在后跟随。

一路西行，众人悠然地走走停停，经过智果寺、葛岭、栖霞岭等名胜，然后折往南走，过了洪春桥，就看到了九里松。所谓"九里松"，就是从洪春桥直至飞来峰的灵隐寺和三天竺，一路上只有苍松夹立，不杂其他种类。

这些树都是古树了，多数粗有合围，高达百尺，如同迎宾的仪仗队，棵棵相连，枝萦叶绕，将头顶的天空密密遮住。脚下是青石铺路，如果下雨走这条路，是不用担心衣服淋湿或泥水污鞋的。众人坐在肩舆上，沿路而行，风从山顶吹下，树枝摇摆，如龙凤飞舞，翱翔于霄汉之上，松涛阵阵，若雷鼓低吼，回响于山谷之中。

九里松尽头是飞来峰。飞来峰下有两座寺院夹山而建，南面的叫"灵山寺"，北面的叫"灵隐寺"。台殿重重，前后掩映。

峰下东西各有一个岩洞，看上去很空豁，光影射入其中。诸中说这两个洞是连贯的，众人忽然童心大起，抬头相视一笑，分成两拨，分别从两个洞口钻入。洞内路径曲折纵横，有如天设的迷宫，一进洞便分散开，各行其道，有时两个人猝然相遇，忍不住呼喊出声，又惊又笑。待从洞中出来，随行的几个家童也按捺不住，发一声喊，奔入洞中，追逐打闹，声音传到洞外，如在瓮中。飞来峰上还有一道冷泉涧，像一条玉带循峰而下，由西向东，曲折奔流，从峰背面流到灵隐寺前，旁边建有一所冷泉亭，涧底布满小石子，像洁白圆润的凫雁卵，泉水流过，声音如环佩叮当。水岸交接处长着丛丛兰草，随风摇曳。家童们还在洞中嬉戏，刘珏、沈周等人就自己动手在冷泉亭上布列杯盏。斟上酒刚要饮，忽见路上走来一位僧人，隔得远远地就喊："诸位一定不是寻常人啊。"众人也起立招呼。

僧人身材很高大，面貌爽朗，看样子走了一段远路，来到近前，也不和众人寒暄，自己先斟了一杯酒，一饮而尽。刘珏等人也不以为怪，纷纷举杯陪饮。僧人赞了一声"好酒"，放下酒杯，这才自我介绍，原来是这灵隐寺中的详上人，从城中归来。

刘珏等也报上各自的姓名。不料详上人对他们竟都或多或少地有所耳闻，对他们的到来很是高兴：

"几位施主都是远来的贵客，今晚请到敝寺歇息。"

刘珏急忙道谢："我等也有此意，只是要打扰了。"

详上人依次和大家见过礼，先进寺去了。

刘珏望着详上人的背影说："这位和尚倒也洒脱。"

史鉴说："连我们的名字都听说过，交游很广啊。"言下对这位佛门中人颇不以为然。

刘英说："这灵隐寺乃是名寺，来往多达官贵人、士林名流，所以寺僧善于应酬也不奇怪。"

沈召说："难怪总觉得这位和尚看上去很亲切，就是世俗气太浓，却不像方外之人。"

沈周则为详上人不平，对大家说："今晚还要借住人家的房舍，这样背后议论，有失厚道。"

史鉴说："你以为他会让你白住啊？"

说说笑笑间，喝完酒，大家都已醉意朦胧。刘英因为有事，辞别回家。沈周等五人让家童收拾好酒具，在寺前一块很平展的大石上坐下，或抱膝，或箕踞，望着远天的云霞，心神放松，万虑皆息，进入一种身世两忘的状态。不知过了多久，夕阳渐沉，暮色苍苍，笼罩群山，几步之外，已看不清人影。寒意随露水从衣衫之外透进来，大家这才宛如从梦中醒来，进入灵隐寺。

详上人引他们到"面壁轩"安歇。夜已深了，沈周打开窗户仰望，月上山峰，万籁俱寂，如琉璃一样莹净可爱。他想：这无边的夜色如何入画？这夜色中无边的寂静呢？

次日天明，刘珏向详上人询问此地的览胜之处，详上人介绍他们去韬光庵。

韬光庵在灵隐寺西面的北高峰上，需要绕道西北角攀登。山路曲折蛇行，两边是悬崖峭壁，连绵数里不断，崖壁有蓊郁的树木翠竹森立上下，菟丝女萝之类的藤蔓缠绕其间，爬满崖壁。仰头看，头顶枝叶苍翠蒙密，树丛中栖息的鸟儿听到人声，就飞起鸣叫，让人心头自然涌上那句著名的"鸟鸣山更幽"的诗句。

沈周渐渐落到众人后面，转过几个弯，便已听不到其余人的声音。不过山路很陡，他有时一抬头，可以从树隙中看到前面有人影晃动，遥呼一声，就能听到回应。沈周并不急于赶上去，遇到赏心悦目的地方，他就停下来，或倚树驻足，或藉草而坐，悠然遐想，畅然四望，只觉山色如画，只想捉山入纸。

正缓行慢走间，忽然听到泠泠的诵经声，还有击磬和敲木鱼的声响，如金石之音，在林梢上回旋。这声音似乎过滤了一切杂音，沈周边走边听，内心无比宁静。声音是从韬光庵中传出的。韬光庵随山势为高下，明净整洁，一尘不染，窈然深秀，庵房依山壁而建，山泉穿屋而过，泉声泠泠，有八九个老僧在做功课，有客人来也视若无睹。沈周被领到一个小轩中用茶，刘珏几人已经等待多时了。

用过茶，那名僧人引几人转到屋后，看到郁郁葱葱的竹林，走到竹林尽头，有一座土丘，高约数丈。众人欣然登上土丘，放眼望去，西湖竟湛然展现在山下，南北两山从两个方向沿湖岸伸展，犹如两条长龙拥着一只银盘，水波涌动，晃漾不定，观之目娱心快，神思飘逸。清风徐来，顿生飘飘然出世之感。

刘珏问道："启南认为谁的笔法最适宜表达眼前景致？"

"当以大痴道人（黄公望）萧散苍秀、洒脱高旷一路的笔法为最佳吧。不过，"沈周顿了一顿，说，"用古人笔法来框定此处山水，似乎无法尽得其妙。"

刘珏点点头："你若能不落窠臼，从山水的真面目中得其性灵，必可超越古人。"

为碧天上人作山水图

明代，纸本设色
127.5厘米×28厘米
瑞士苏黎世莱特堡博物馆藏

图绘一僧，着道袍，戴僧帽，携长杖，自画幅右下角沿一溪径向左行，仰头观赏山林秀色。其前有一巨松，亭亭屹立，直上全画之半。松旁则有数株小树点缀。由松针间向远山眺望，隐约可见一瀑布分两支向下宣泄，与巨松向上延展之姿巧成对比。

"谈何容易啊！"

几人流连许久后，循原路返回山下，正好遇到前来寻找客人的保俶寺傅上人，于是一同往三天竺寺游观。

飞来峰的得名，是由于当初慧理法师从西域来，看到飞来峰秀拔玉立，惊奇地脱口而出："这是中天竺国灵鹫峰的小岭，为什么会飞来这里？"其实慧理法师大约是指山峰形态而言，后人以讹传讹，说成是山自天外飞来，遂取名为"飞来峰"。慧理法师最先在山峰后建造了灵隐寺，后来在山峰左面建了一座灵鹫寺，山峰前的灵山寺建得最晚，又叫天竺寺。灵鹫寺荒废已久，灵隐寺地势很偏，没有拓展的空间，只有灵山寺的右面，山更深，地势更高，后人在稍平坦处又依次建了两座寺院，和灵山寺并列为三，都叫天竺寺，用上、中、下来区分。最高的是上天竺，建得最晚，最低的是下天竺，即灵山寺，中间的是中天竺。

三天竺中古迹很多，寺僧也很好客，只是时间不多，不能过多盘桓，而且详上人几次派人来催促他们快点回去。

天色渐晚，月出东山，挂在青松顶上，众人踏月行歌而返。

沈周又一次被夜景触动。比之白天，夜间的景物似乎又别有一种韵致，而且人的心灵也更容易达到一种澄明的状态。

回到灵隐寺，详上人已为大家备好了酒和斋饭。众人入席，说起今日在三座天竺寺的游览，详上人问："各位施主以为哪一座为上？"

史鉴说："三竺下竺胜。"

正在出神的沈周没有在意详上人的问话，却听到了史鉴的回答，应声对了一句："四僧此僧高。"惹得众人拊掌大笑。用完斋饭，详上人让小沙弥捧出纸墨，在烛下展开，笑对众人说："诸位施主都是一时俊彦，若不能求得各位的翰墨，此处山水也不容小僧住下去了。还请不要谦让。"

史鉴说："不错，如此湖山胜景，我们这两日居然无诗无画，可要让同人取笑了。"

刘珏对沈周说道："启南似乎颇有心得，这传山水真意的任务就照例交给你了？"

于是大家一致赞成："那就由启南作画为此山写真，我们在画上题诗纪游，也好留作山中故事。"

"只恐笔力不胜。"沈周稍做推辞，也就应承下来。这一天中他触目所见皆是山水，闭目所思无非绘画，大致的轮廓已经胸有成竹了，沉思片刻便提笔画起来。

烛光摇曳中，沈周俯身行笔，飞来峰在纸上渐成模样，其余几人则冥想苦思，务必想出妙语奇句方肯罢休。直到夜半，沈周完成了《灵隐山图卷》，并在画上题诗：

湖上风光说灵隐，风光独在冷泉间。
酒随游客无虚日，云伴诗僧住好山。
松阁夜谈灯火寂，竹床春卧鸟声闲。

佛前不作逃禅计，丘壑宜人久未还。

　　沈周在这幅长卷的画中画出了两天来的目之所见。画卷开头是他们到达杭州后舍舟登陆的场面，接着是保俶塔、苏堤、灵隐山以及飞来峰的钟乳洞等景物。沈周放下笔说："想来想去，还是用了大痴道人笔意，有愧于真山水。"

　　刘珏说："仓促之际，能如此已是不凡了。"

　　刘珏、史鉴和沈召也在画上题了诗，相互品鉴了一会儿，才安歇。详上人则把画收下，自是非常高兴。

二

第二天,众人起床都比较晚。吃过早饭,商量当日的行程时,傅上人建议他们转向南,一路上名胜很多,晚上可宿在六通寺。众人接受了建议,傅上人就带着几个家童先赶往六通寺准备。

辞别了详上人,一行人恋恋不舍地离开灵隐寺。走出一段路后,回望林木苍郁、怪石嶙峋的飞来峰,在周围一圈如城墙般的山冈衬托下,显得别样秀立特出。

刘珏说:"启南,我们明年此时再来,如何?"

"岂止明年,我想年年都来。"

"好啊,那我们击掌为誓。"刘珏说着伸出手掌,和沈周的手掌击在一起,两人望着飞来峰说:"等着我们,从今年起,每年必定和你相见一次。"

说完,大笑着离去。

几人乘肩舆边走边游,一路经过集庆寺、夕佳楼、梅坡园等处,这些往日繁华的地方现在都成了荒丘草舍,甚至没有留下多少遗迹。众人为天道兴废议论感慨了一番，到达凤凰岭下。岭上有福邸园，也荒废很久了，墙垣房屋荡然无存，花卉草木荒芜秽乱，只有水乐洞还在。水从洞顶滴下，叮叮有声，水滴的间隔很有节奏，俨然在弹奏一曲动听的音乐。再往上就是驰名天下的龙井寺，龙井正在山顶。所谓龙井就是一个石眼，泉水从石眼中涌出，泉水旁边的石头被刻成龙头状，泉水从龙头的颔下吐出，隔着流动的水看去，龙须似乎还在微微飘拂。寺僧用龙井泉水煮茶款待众人，味道果然绝佳。

从凤凰岭南行，很快就到了灵石山。自灵石山下来，转往东行，又遇到一座寺院，寺院西北的山上有一个烟霞洞，寺即以洞为名，叫烟霞寺。走到这里，大家要去看烟霞洞，而刘珏感到身体有些疲倦，想留在烟霞寺。大家哪里肯，用肩舆把他强抬了过去。烟霞洞高约两丈，洞中稍往里就黑漆漆的，不知有多深。洞顶水滴滴在洞底石上，年深岁久，竟形成了粼粼波纹的样子。洞顶和两壁有石钟乳凝结，颜色青绿黄白相间，细看纹理，有的如云气，有的如雨丝，有的如莲花，有的如龙凤，十分奇巧。

史鉴忽然说："此处倒很适合饮酒。"

这句话激发了大家的兴致。洞中清静整洁，确实适合饮酒，而且自早晨出来，走了这么远的路，只在凤凰岭喝过茶，都很累了，需要喝点酒解乏。但不凑巧的是身边无酒，酒都由家童携带，而家童随傅上人去六通寺了。这真是一件败兴的事情。

出到洞外，不仅刘珏，其余几人也想休息，就在洞外的一片空地上坐下来。史鉴和沈召抱怨着怎么没想到随身带些酒。

这时有两个饭店跑堂模样的人挑着担子走过来。走到近前，其中一人问："借问这里可有一位苏州来的沈先生？"

还不等沈周回答，史鉴就急忙先喊了出来："有，有两位呢。"——他看见了担子上的酒坛和食盒。

"有位客人在我们酒楼订了酒菜，让我们到这里送给沈先生。"

众人几乎不能相信会有这么好的运气。沈周问："那位客人是谁？他留下什么话没有？"

"这个就不知道了。我们只是听掌柜的吩咐，说只要让我们沿着到灵隐寺的这条路找来，就一定能遇上。"两个人说完，把酒坛食盒卸下就走了。

沈周满腹疑惑："会是谁呢？是不是邦彦兄？"

诸中说："应该不是。他怎会这么神神秘秘的，而且明知我们这么多人在一起，却只说送给沈先生。"

"你在杭州还有其他朋友吗？"刘珏问。

沈周摇摇头。

史鉴打断了他们猜谜："美酒佳肴当前，想那么多干吗？依我看，既然猜不出这人是谁，那就等他自己出现。我们现在唯一要做的，就是喝酒。"众人于是又返回洞中，布好酒菜，列坐劝饮。喝到兴起，几人一起唱《竹枝词》，声韵悠扬，在洞中听来有特别的效果，声鸣云霄之上，颇有几分出尘之感，好像道教唱步虚词。

下了山，经过一片田野，田野的两边仍是两道山脉，如两列军队行进，互为掎角，山形纵横变化，望去令人心荡神摇。众人坐在肩舆上左顾右盼，得此失彼，应接不暇。再往西南走五里左右，山更奇特，路也更曲折，不时看到泉水交流。抬舆人告诉他们，虎跑寺快到了。

清风飘荡，绿野如茵，路两旁竹树掩映，众人似乎走进一片绿云之中。这样又走了二里多路，来到了虎跑寺。虎跑寺是南山最清静的地方，进门是一个方池，池内水清如镜，天空清晰地倒映其中，一座石桥跨越池上。水从门洞中流出寺去，流到山涧中，声响如雷鸣。

寺僧归上人好像知道众人要来似的，互通姓名后，并不问他们的来历，谈话中却又像都已知道。他引导众人去看虎跑泉。泉在佛殿西边阶台上，泉上建了一间画亭，朱栏环绕，泉水从台阶上流下，泉声汩汩。归上人为大家介绍此泉的传说：唐元和年间，有一高僧曾想在此建寺，但苦于无水，未做决断。某日忽梦神仙相告："南岳有童子泉，当遣二虎移来。"次日果见二虎跑地作泉，泉水涌出，且甘冽异常，法师于是就留了下来，虎跑泉因此得名。苏东坡曾在此养病，泉边还留有他所赋诗的碑刻。赏完虎跑泉，归上人请他们去翠涛轩品茶，说："各位都精通书画，本寺简陋，无可寓目之物，倒是前些日得了一幅倪云林的《树石图》，可以一观。"

沈召再也忍不住了："上人似乎对我们很熟悉，以前听人提起过吗？"

"就在各位光顾之前，有一位昨夜在灵隐寺投宿的客人也来过，对我提起过各位施主。"

众人蓦然想到了烟霞洞前那顿让人摸不着头脑的酒食，连忙问："这是一位什么样的客人，他可说与我们认识？"

"只是寻常香客而已，像诸位施主这样清逸风雅的一群人，任谁都会注意的。"归上人这样似是无意的一句恭维，反让大家不知该如何谦让，也就没再继续问下去。

来到翠涛轩，茶和果品都已备好。轩内挂着一幅落款为倪云林的《树石图》，萧寒疏淡，图上有题画二绝句："春雨春风满眼花，梦中千里客还家。白鸥飞去江波绿，谁采西园谷雨茶"；"燕子低飞不动尘，黄莺娇小未胜春。东风绿尽门前草，细雨寒烟愁煞人"。

"这两首绝句作得甚好。"沈周在图前站立半晌，给了这样一句评语。史鉴很奇怪："你一向喜欢倪云林的画，怎么今天却只称赞诗？有点买椟还珠了吧。"

沈周一笑，很有把握地说："这幅画不是真迹。如我所猜不错，应当是杭州戴文进所摹，虽可乱真，终究有些匠气。"

"沈施主眼力真好，看出此画非真迹。"归上人拍手称赞。

从虎跑寺出来，已是黄昏，远近的山脉山峰都被夕阳镀了

两江名胜图册之杭州下天竺寺

明代，绢本设色
42.2厘米×23.8厘米
上海博物馆藏

清风临泉窟，
跳珠应梵声。
须臾还镜净，
须鬓映人清。

清風揚泉聖蹟俯林壑毛奇齡題

一层淡紫色。众人急忙往六通寺赶，路上还有些名胜，也不及细观。到了六通寺，与傅上人会合。寺僧慧天泽也是苏州人，摆酒款待客人。只是这一天的游玩太累了，众人稍饮一点，就睡了。

第二日醒来，众人便按照商量好的行程，从六通寺往东到南屏山，游净慈寺。净慈寺的面积很大，罗汉堂尤其壮观宽敞，新修整的五百罗汉像环列大殿四壁，像与像之间面相向、背相负，体态各异。寺门外有一个水池，雷峰塔矗立池前，另有四棵樟树，粗约数围，高七八丈，树干蜷曲臃肿，不同于别处樟树的直立挺拔。不远处就是西湖，净慈寺在湖岸建有湖山胜概楼和藕花庄。湖山胜概楼是供杭州城里的官员宴游用的，藕花庄中则有僧人居住，除了名字好听，别的也没什么。刘珏指着一楼一庄对众人说："有人评论杭州这些寺庙'灵隐秀气，虎跑清气，净慈市气'，一点不假。"大家也都称甚为贴切。

一行人循着苏堤往湖的北岸走去。湖光山色左右辉映，苏堤上六桥横界其间，四顶肩舆在桥上首尾相连，清风吹来，仿佛仙人驾飙车，驱羽轮，凌弱水，在蓬莱、方丈等仙山间遨游，乐趣无穷。过金沙滩，流水下的石子金光熠熠，颇为可爱。

当斜阳西挂时，众人出栖霞岭西边的路口，便看到了宝石山，在天黑前回到了几天前最先到达的保俶寺中。

三

回到保俶寺，刘珏便和沈周、史鉴、沈召商量买舟入湖游览。杭州为东南佳丽地，以西湖最负盛名，峰峦环绕，城郭逶迤，台阁亭榭散落于湖山，烟云风雨起灭于朝夕，画船游艇络绎往来，丝竹歌咏之声日夜相闻，其游人无日不有，其繁华四季不绝。四人来杭，住在宝石山上，保俶寺正对西湖，开窗便将西湖之景尽收眼底；这些天环西湖游玩，不论在西山、南山还是北山，西湖也时时映入眼帘。但毕竟不曾入湖，就好比一位佳人，他们只在身前身后远观，虽也赏心悦目，但西湖的真味还需亲近才能品出。杭州的友人当然不会不尽地主之谊，已经为他们安排好了所需。二月十五日，刘英召请四人游湖，作陪的还有诸中和另一位杭州名士沈宣，一共七人。沈宣，字明德，住在杭州城武林门外四里，自幼聪明，超出同辈，但天性懒散，不修边幅，不在意科考进取，喜欢饮酒，诗写得好，所画山水也为人推重。

这天天公作美，风和日丽，春意融融，湖水明净，万象倒映其中。堤岸上柳枝微现绿意，红红白白的梅花仍开得繁盛，一树树点缀远近。船夫撑船离岸，划开水面，沿一条迂回宛转的水路缓缓前进，卖花人、卖艺人划着红色的小舟，在湖中飞快来往，或由前迎上，或随后尾追。众人任船随意东西，遇到风景名胜处就登岸玩赏，一人有所触发，吟咏成诗，其余人便都唱和一首。

船渐渐靠近孤山，众人都离开座位，拥到船头。孤山在湖的北部，离岸有二里，孤立水中。孤山的扬名是和宋代诗人林逋紧紧联系在一起的，林逋被后人称为和靖先生。他咏梅的诗句"疏影横斜水清浅，暗香浮动月黄昏"流传千古，而他终身不仕，隐居孤山，以梅为妻、以鹤为子的高洁品性，也为后人景仰。林逋死后葬在孤山上，后人在其旁建了一座祠堂，塑了他的像，也塑了历史上另外两位和西湖大有关联的著名文人的像，一位是白居易，一位是苏东坡，祠堂也就被称作了三贤堂。沈周自然对林和靖有由衷的亲近感，所以一上孤山，吟咏良久。

直到落日入山，皓月东升，湖上百鸟归林，笙歌散尽，众人这才兴尽回船。谢过刘英，刘珏等四人仍回保俶寺安歇，刘英等各自返家。

自二月六日启程离开苏州，一连十天不停歇的游历，虽说总是处在心神愉悦的状态，但毕竟颇耗体力，特别是对刘珏这样已经六十多岁的老人而言。他挂起了免战牌，宣称无论如何都要休息两天了。他这样一说，沈周、沈召和史鉴也感觉到了疲劳。接下来的两天里，四人就只在保俶寺中饮酒下棋、谈诗论画。

几天来的游览，沈周的胸中已贮满山山水水，在保俶寺中登楼远眺，西湖就在眼前铺展，更能触发作画的灵感。沈周每日都要画很多幅写生性质的作品，或是湖山全景，或是水石一角，但都不甚满意，总觉欠缺了什么。以前在家中临摹古人山水，自以为很得神似了，而现在，感觉笔下所画和眼前山水总是隔了一层。这让沈周不由得苦恼起来。

杭州往年的这个时节经常下雨，给杭州人春游添了不少烦恼，今年的雨却很少，让沈周四人恰好碰上好天气，省了许多麻烦。在寺中休息两天后，第三天天气骤变，乌云从山中升起，很快布满天空。沈召笑说："这是天在催我们出游呢。若下起连绵不绝的雨，我们可就要长住下去了。"史鉴说："不错，我们所差就是凤凰山了。不论今天这雨是否下得起来，我们都要把凤凰山游完，然后就可以考虑回家了。"刘珏和沈宣家比较远，仓促间不能很快约来。诸中家很近，史鉴派家童去请他，只说要在寺内饮酒，把诸中诳了出来。四人准备好雨具，防备万一下雨，等诸中一到，就出发往凤凰山去了。

游了凤凰山，又去捍海塘看了潮水，一天很快就过去了。慢慢往回走时，沈召说："我们出发时天上就已经乌云密布，现在要回去了，雨还没下，看来上天也在成全我们。"

刘珏笑道："是啊，我们也该满足了，钱塘山水可观可游之处已经领略得差不多了，再不回家，上天也要厌烦我们了。"

沈周还有些恋恋不舍，说："今日已晚，明日再做商量吧。"

然而次日早晨，诸中领着一位书生赶来。他向四人介绍说，这位姓归的书生仰慕几位的风采，特意备下游船酒肴，请大家游湖。刘珏等逊谢一番，也就欣然答应。

众人一起来到湖岸，上了书生准备的船。船并不是很大，六个人坐在舱内稍显拥挤，准备的饮食看上去也比较简单，不过谁都不介意。

船离岸不久，昨天将下未下的雨终于倾盆而泻，风雨交作，船不能出外湖，只能在断桥内兜圈。不过雨天比之晴天，山头云雾笼罩，又另有一番情致。顾望湖面白雨斜飞，俨然一幅湿气淋漓的水墨画。众人在船舱内饮酒看雨，自有说不出的惬意。沈召说："风雨游湖，别是一种奇景。如果对此无言，恐怕湖山也要嘲笑我们了。何不联句赋诗？"

"此言正合我意，我刚好想出两句，就让我先来吧。"史鉴说着，稍微顿了一下，吟出首联："画船载酒入空蒙，四面湖山水墨中。"刘珏接道："系缆石留秦旧物，卖花人带宋遗风。"

沈周续道："怕寒沙鸥低拳白，受湿汀桃浅破红。"

沈召最后收尾："未必晴时能胜此，笙歌莫放酒杯空。"

第二天便是回苏州的日子了。来杭州已有半月，钱塘山水已大致领略。

刘珏、沈周等四人打点好行囊，刘英、诸中都赶来送行，杭州之行在浓浓的离情别绪中结束了。

秋林小集图

明代，纸本水墨
123.5厘米×36.6厘米
私人收藏

这幅作品描绘的是沈周的两友来访，三人簇灯于茅舍之中，感慨世间人情的情景，氛围寂落清远。在环境描绘上，山石用淡皴带染，画格清苍。

第四章

畅游江南山水郎
挥毫染翰师造化

颠毛脱尽野僧如,世好都归一懒除。
欲博晏眠高著枕,图便老眼大抄书。

——《闲居》

一

沈周一生恪守"父母在，不远游"的古训，母亲张夫人逝世于明武宗正德元年（1506），年九十九岁，而沈周本人也已经八十岁了，所以沈周虽迷恋山水，游踪却不出江浙地区——以苏州为中心，最北不过长江北岸。现存他的《两江名胜图册》中有对长江北岸风景的描绘，但至今没有见到他过江游历的相关文字记载，故而当是他往来于苏州、南京间时沿长江所见。另外三个方向上，东未至海，南不出浙江，西止于南京，其游历范围是典型的江南地区。

虞山在苏州城的东北，位于常熟境内，距沈周家不超过百里，是沈周非常喜欢的一个地方。这里不仅风景优美，山脉逶迤，丛林秀茂，宽广的原野上河道纵横，湖塘星布，大片的芦苇，簇簇的茅舍，是典型的江南水乡景色，而且有丰富的历史文化积淀。虞山东麓有仲雍、言偃墓。仲雍是周太王次子，周太王生有三子，意欲传位给他所钟爱的小儿子季历的儿子姬昌（即后来的周文王），仲雍与长兄泰伯体会父意，主动避位，从渭水之滨来到江南，断发文身，与民并耕，当地民众拥戴泰伯为吴地之主。泰伯卒后，仲雍继位，后仲雍卒，葬于虞山。仲雍历来被奉为吴地和常熟的始祖。而言偃是孔子唯一的南方弟子，他是兴东吴文教的先驱，被尊为"南国夫子"，卒后亦葬于虞山脚下。自仲雍、言偃以后，虞山的历代古迹、名人题咏甚多。虞山脚下的兴福寺建于六朝时的齐梁年间，也称"破山寺"，因唐朝诗人常建传诵千古的名篇《题破山寺后禅院》而驰名："清晨入古寺，初日照高林。曲径通幽处，禅房花木深。山光悦鸟性，潭影空人心。万籁此俱寂，但余钟磬音。"虞山之北的半山之处，有石屋涧，相传姜尚（即姜太公）曾隐居于此；涧西是"舜过泉"，因为传说舜曾饮用此水而得名，泉水水质清冽，不同一般。当然这两个传说都带有比较明显的附会色彩。虞山南面是清波浩渺的尚湖，湖面宽广，湖山相映，碧波盈盈，芦苇青青，元代大画家黄公望曾在此地隐居，常常饮酒长歌于山麓湖畔。

沈周的岳丈是常熟人，沈周婚后不久在常熟住过一段时间，虽未特地游览，但往来经过，对虞山是很熟悉的。成化十一年（1475），沈周命舟出游，船经尚湖，仰望虞山，苍松翠竹，崖壁流泉，历历在目，不由诗兴大发，作七言古诗一首，前四句是："日午放船湖上头，虞山随船走不休。高云仰见出翠壁，飞影下接沧波流。"其实虞山并不高，但因地处平野，周围无他山比照，孤岭绵延，所以沈周会有"高云仰见出翠壁"的主观感觉。而且山最高处的剑门看上去断崖直立，巨石中断，颇有一种直插云天的峥嵘气象，在温柔缓和的江南群山中，显得比较另类。

这样的过而不入对沈周来说有许多次了，直到成化十四年（1478），虞山之游才真正成行。沈周的好友吴宽这时因父亲病故，正丁忧在家，便与沈周彼此拜访，诗酒往还。这年的二月二十六日，吴宽到相城访沈周，在"有竹居"盘桓多日，二人品书赏画，其乐也融融。吴宽提议携手春游，沈周想到了虞山，不需做太多准备，一日便可往返。

二月二十日，两人驾舟携酒，在明媚的春光中启程了。有良友同行，沈周心情大好，船入尚湖，还未靠近虞山，便已成诗一首。到虞山脚下，二人弃船登岸。

虞山的山势，西南险峻，东北平缓。尚湖在虞山南面，二人登陆处也就在南面山脚下。从登陆处向西上山，不久就到了"致道观"。致道观历史久远，楼殿建筑并无特色，但观中所种两排七星桧却是一大景观。这些树高大繁茂，整座道观几乎都罩在树荫下。其中有三棵种植于六朝梁朝时的尤为独特，这三棵七星桧历千年而不毁，仍然生机勃勃。不过造物主也并非特别照顾它们，雷击风摧都留下了明显的痕迹，其中有一棵被雷击个正着，树干斑驳，枝丫扭曲；另一棵被狂风吹得侧向地面；还有一棵则树干已经中空。此时再联想到树龄，这三棵树无形中似乎具有了一种诡异的气氛。沈周和吴宽绕树摩挲，都觉造物神奇，惊叹不已。

从致道观再往西，走过一段起伏的磴道，能够看见一面山坡上的"招真宫"。招真宫也是梁朝建筑，为汉代天师第十二代孙张道裕隐居虞山时所建。招真宫下方有一眼井，传为建宫时所凿，也有人说是另一位道教名人葛洪开凿，取名"丹井"。招真宫附近另有一座建筑让沈周和吴宽徘徊不忍去，那便是昭明太子读书台。昭明太子是梁武帝的儿子萧统，一生爱好文艺，所编《文选》一书是后世文人的必读书。读书台四周古木参天，洁净笔直，台后有泉，泉水清冽甘醇。沈周命家童在读书台上摆酒，取泉水煮茶，与吴宽一边饮酒一边遥想昭明太子当年在此读书的风采。悠悠千载，先贤已逝而风流犹存，令人不胜怀想。

如果稍微加快脚程，一天是可以游完虞山的。但沈周和吴宽沉浸在一种悠然的心境中，信步而行，并不专门寻访名胜古迹，只要仔细体味，野花鸣禽，幽洞深涧，触目处皆是风景。从昭明太子读书台下来，二人在山中流连，不知不觉中，接近了破山寺。寺内有一块奇石，左看像"兴"字，右看像"福"字，所以又叫"兴福寺"。寺前的水潭，已因常建的诗句"潭影空人心"而取名为"空心潭"。悠长的钟磬声从寺内飘出，回荡在寂寂山道上，沈周和吴宽吟着"山光悦鸟性，潭影空人心"走进寺院，吟着"曲径通幽处，禅房花木深"从寺的后门走出，曲径、禅房、山光、潭影以及诵经声、钟磬声，似乎昨天常建才刚刚来过，似乎几百年的时间并没有在这寺中走过。

暮色降临，沈周和吴宽没能游完虞山，好几处名胜都不曾游到，但两人心中了无遗憾，"游"的境界与游的行程是没有必然联系的。当二人踏上归途,满载一船的是心满意足的愉悦。

　　致道观中的七星桧给沈周留下了深刻的印象,以至于六年后也就是成化二十年(1484),沈周还向他的女婿史永龄提起。史永龄,字松丘,是史鉴次子,前一年正月刚和沈周的小女儿结婚,此年到相城探望岳丈。闲谈中沈周偶然提到虞山致道观的七星桧,史永龄听了沈周的描述,好奇心大动,怂恿沈周再游虞山。只不过一天的来回,沈周自无不可,于是带史永龄乘舟前往。故地重游,沈周满心喜悦。其时正是正月初四,早春犹寒,梅花正开,致道观里的古桧苍劲依然。史永龄在树下啧啧赞叹,将离去时他请沈周把七星桧画下来,好带回去给父亲观赏。沈周也兴致大发,便在树下石桌上展纸挥毫,画下三株古桧,虬直屈曲,风云满纸。作完画,沈周又领史永龄游览了读书台、仲雍墓等,然后施施然返棹回家。归途中,沈周兴犹未已,又作一首《四日游虞山画梁桧而回》,题在画后。

　　明孝宗弘治元年(1488)的三月,阴雨连绵,沈周闷在家里,颇为无聊。忽然天空放晴,多日的阴霾一扫而空,沈周顿生出游之兴。雨停得突然,来不及做什么准备,也来不及约请其他朋友,只能做一次即兴出行,于是沈周又想到了近在咫尺的虞山。

　　因为是心血来潮的出行,动身时已经比较晚了,船到尚湖,沈周让船夫先驾船绕湖游荡。连日雨后,湖水格外清澈澄明,岸上村中传来送神的社鼓声,一派太平熙乐的景象。当船停靠虞山脚下时,天已经黑了,沈周便在山麓歇宿,打算第二天一

竹林送爽

明代，纸本着墨
154厘米×36.2厘米
私人收藏

此画中描绘了高而苍秀的远山、宽而辽远的河流、幽静的竹林里的读书场景。本为竖轴，却着重在画河流的部分采用了平远法，河流和整个岸边的景物包括人在内就占了半个画轴。平远法是最能体现辽远旷达、幽静自然、平淡自由的境界的，这样的构图让这幅作品充满了诗意。

早登山。不料半夜里突然又下起雨来，一直下到第二天早晨还不见有停息的意思。沈周本是天晴出游，根本未想到要带雨具，起床后望着灰蒙蒙的天空，望着飘飘洒洒的雨丝，雨虽然不大，却游兴顿无，还平添几许郁悒。收拾东西正要返回时，忽然有两个人来拜访。

来人中有一个是他的学生，姓孙，名艾，字世节，随沈周学诗画，为人性格豪爽，博览史书，精于金石书画品鉴。另一个人叫桑民奇。孙艾听说老师来常熟，便偕同桑民奇冒雨来看望。沈周在舱中接待了二人。落座不久，正在寒暄间，又有一位客人来访。此人也是常熟人，叫顾应和，与孙、桑二人也有交往，大家互致问候，船舱中顿时热闹起来。顾应和并非空手而来，还带有酒肴，其中一条鱼显得特别肥大，顾应和指着说："此鱼乃是昨日渔人冒风雨自海中捕得，味道鲜美，听说石田翁来游，不敢独享。"

沈周含笑致谢。孙艾举酒："顾君真可谓'解人'也。"

酒席上又谈到了致道观前的七星桧，顾应和忽然说："观中古桧固然是一奇，但观前古松也是一奇。"

沈周两次去致道观，都被七星桧吸引，虽也看到观前古松，却从未在意，听顾应和这样说，忙问："奇在何处？"

"本来也没什么可奇之处，那棵古松前些年本已枯死，但最近突然又发出了新叶，比以前反更茂盛了。"

沈周大感兴趣，可惜外面雨越下越大，无法前去一看。孙艾说："这也算我们常熟的祥瑞之事吧。老师怎可无图？"

沈周点头，便在舱中铺开纸墨，挥笔画了一幅古松图。作完画，又将此次出游过程写了一首诗，题于松顶。孙艾等各和作一首，诗成酒尽，各自辞别而去，沈周也命船夫启航返家。

拂水岩是虞山的著名景观，地处虞山西北。沈周多次游历虞山，都是经尚湖，泊船南麓，游踪只在从东麓到西南一带，每次都是看不到拂水岩而返。弘治三年（1490）的春天，沈周又一次来到虞山，这次是专为拂水岩而来。

沈周仍然在虞山南麓上岸，不过这次直接向北进入虞山，在半山腰处沿一条山道转向西。山道仅能容一人，一边是平缓的山谷，一边是比较陡峭的石壁。山道时起时伏，在一处地方突然随山势向里凹进，形成一个略有角度的转弯，转过这个弯，就看到了拂水岩。拂水岩壁立如削，上部稍向外突出，一道泉水从崖壁中部涌出，形成瀑布。但因为崖壁下部略向里斜，瀑布实际上是悬空的。瀑水下奔如虹，山风吹来，便倒卷而起，水珠凌空飘洒。沈周当晚住在不远处的僧舍中，从住处可以清楚地看见风来而上、风弱而下的水帘，不禁手痒，写了一首七言律诗来赞叹：

> 只有看山是胜缘，青鞋布袜且轻便。
> 天收雨脚赊今日，我趁花时遣老年。
> 绝壁云扶将堕石，豁崖风勒下奔泉。
> 此来不愤空归去，旋构新篇拣竹镌。

虞山在相城的东北方，从虞山往南，也即相城的正东方是昆山。说来昆山距沈周的家更近一些，与相城只隔一个阳澄湖。昆山石名重四方，昆山却不大。从沈周家东去再无别山，昆山也算得上一峰独秀了。游昆山的念头，沈周早就有的，不过因为离家近，总觉得随时可去，反而一直没有去成。成化十七年（1481），沈周乘船出游，在阳澄湖上远远望见昆山，小巧玲珑，如一道翡翠屏风浮在水面上，就写了一首诗，表示定要来游："我生当未涯，攀历终一遍。与山约载酒，洗我素所羡。"

昆山有位绅士名叫余侯，对沈周十分仰慕，曾经造访有竹居，向沈周求画，听沈周谈起尚未登过昆山，便竭力邀请，表示自己愿为东道主。成化十九年（1483）的正月下旬，沈周回访余侯，到了昆山。余侯喜出望外，盛情款待。昆山当地的士绅也纷纷前来拜访。当晚的宴席上觥筹交错，沈周本不善饮，一不小心就喝多了。第二天感觉头痛欲裂，全身乏力，昆山最终还是没有游成。

回到家里，沈周写了两首诗寄给余侯。想到和昆山总是失之交臂，不免有些怅怅之感，便提笔一半依着远望的观感，一半依着想象，将昆山在笔下呈现出来。画完后又将一首诗题上卷首。像昆山这样比较小的风景，往往涉而即得，得而辄尽，过后大约也没有什么余味。不能成行也许反能给人无穷之思。

两江名胜图册之昆山

明代，绢本设色

42.2厘米×23.8厘米

上海博物馆藏

昆阜产灵玉，
玲珑云朵奇。
云根从笑拔，
山鬼不能知。

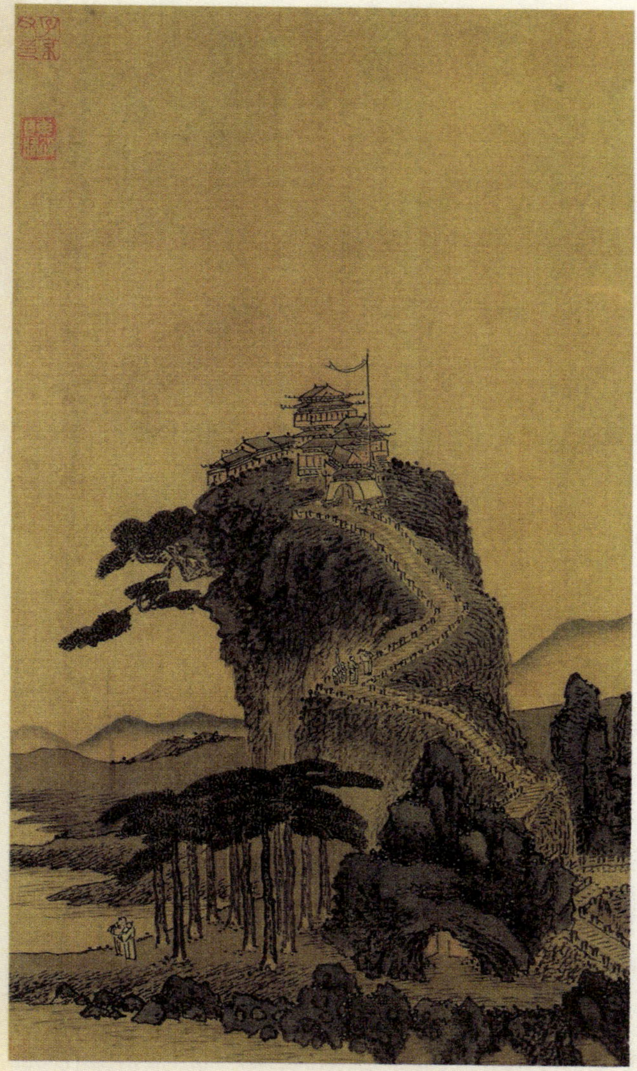

二

成化二十年（1484），在绿盛红稀的暮春，沈周再次踏上了南游杭州的路。这时距他第一次游杭州已经过去十三年了，第一次同行的好友刘珏和弟弟沈召均已病故，这次同行的是史鉴和汝泰。汝泰与史鉴同邑，也是吴江人，并且与史鉴齐名，为吴中士林知重。

三人初到西湖的下榻处仍是宝石山保俶寺，傅上人已经为他们准备好房间，刘英和诸中也闻讯赶来。自上次一别，沈周和刘英虽有诗简往来，但再没有见过面，和诸中也只会过一次面。相隔了十三年的重逢，自不免令众人感慨万千，而说到刘珏和沈召，更是伤感。

与第一次来杭相比，这次沈周多了许多麻烦。此时沈周已经画名满天下，杭州的文人士大夫听说沈周游杭的消息，都希望借此机会和沈周结识，想向他求一幅画的人就更多了。所以沈周等人到保俶寺的第二天，就不断有人来拜会，或认识或不认识，或谈诗或求画。沈周本是谦和之人，凡向他索画的，他都会尽量满足。开始他甚至当场便画，让客人高高兴兴地捧画离去。但拜访者络绎不绝，使他一连三天无法脱身，后来只好对求画者的要求先答应下来，等将来有空闲再补上。刘英两次来约他出游，都见他在焦头烂额地应酬，便写诗和他开玩笑道："送纸敲门索画频，僧楼无处避红尘。东归要了南游债，须化金仙百亿身。"

三月十八日，沈周终于下定决心必须出游了。他和史鉴、汝泰商量去西山，并约上刘英。但是这天仍有人来访，他和史鉴不能立即走开，就让刘英和汝泰先行，到飞来峰等他们。

好不容易摆脱了访客，沈周和史鉴出保俶寺，下了宝石山，乘肩舆匆匆赶往西山。还是上次那条路径，过智果寺，越葛岭和栖霞岭，从洪春桥走进九里松——虽然过了十三年，可是似乎一切都没有变，只是身边刘珏和沈召都不在了。九里松走到尽头，走上回龙桥，沈周想起十三年前离开这里时，他和刘珏同时指着飞来峰立誓：每年必来一次。然而一年后刘珏就离开了人世，再不能来了，而他自己也隔了十三年才故地重游。世上的事情往往就是这样无奈。

刘英和汝泰已先到了，正在冷泉亭等候，刘英就在等候的这段时间里作成了一首诗。四人会合后，一起走进灵隐寺。详上人见沈周等突然出现，十分高兴，急忙准备酒席。几个人把酒看山，品茶叙旧，晚上仍留宿在灵隐寺。

窗外是黑黝黝的群山，窗内烛光闪亮，刘英把自己在冷泉亭作的诗誊录在纸上，请大家评赏。沈周、史鉴和汝泰各和作一首，仍由沈周作图，绘冷泉亭景色，将四人的诗都录到图上。沈周的和诗是：

> 入林兜子送斜晖，洒面风清色渐微。
> 白发再来浑觉老，青山久住不重飞。
> 老僧古寺相逢熟，故国遗踪欲见稀。
> 千个长松卧房近，吹灯还照鹤群归。

在以后的几天里，沈周、史鉴和汝泰诗酒流连，从西山到北山，从北山到南山，又从山到湖，从湖到岛，花港观鱼，三潭赏月，处处留下了他们吟风弄月的身影。刘英也时时相陪。在沈周等人遍游杭州诸山后，临走的前一晚就住在刘英的竹东别墅。沈周临别赠诗中有"与君再见当经岁，分付清觞缓缓巡"的句子，无限惜别之情尽在其中。然而他和刘英都不会想到，这是他们最后一次见面。这是后话了。

从杭州归来，果如刘英所言，"东归要了南游债，须化金仙百亿身"，沈周每日忙于作画题诗，一是要"还债"，寄赠给自己在杭州曾答允过的那些求画者；另一方面他也确实喜欢杭州山水，用他自己的话说，游杭回来后"梦寐未尝不在紫翠间也"，美丽的湖山给予了他太多的灵感，他情不自禁地要提起笔来创作。

杭州并不是沈周南游到达最远的地方，就在第二次游杭州同年的九月，沈周向南到达了浙江南部台州的天台山。

天台山素来享有"佛宗道源，山水神秀"的美誉。这里既有汉末著名道士葛玄炼丹的"仙山"桃溪，碧玉连环的"仙都"琼台，道教"南宗"圣地桐柏宫，"天下第六洞天"玉京洞；又有佛教"五百罗汉道场"石梁方广寺，隋代古刹国清寺，唐代诗僧寒山子隐居地寒石山，宋代禅宗"五山十刹"之一的万年寺。自然风景更是集诸山之美，奇石、幽洞、飞瀑、清泉，各擅其胜；古木、名花、珍禽、异兽，美不胜收。

李白《梦游天姥吟留别》一诗中曾赞天姥山"势拔五岳掩赤城，天台四万八千丈，对此欲倒东南倾"，虽是用对比的手法，意在夸显天姥山，但也可看出天台山的气势不凡。沈周对天台山自是闻名已久，在第二次杭州之行的半年后，他单独往游天台山。不过到天台山后，他就不能独游了，他所下榻的天封寺、万年寺的主僧都是异常热情地款待，天台当地的文人听说沈周到来，也纷纷慕名前来拜访，许多人陪同沈周，历览天台风光。

天台山让沈周领略到了什么叫"山高"。苏杭一带诸山的特色是清婉秀丽，高度无几，一天当中翻越几座山峰是比较容易的事。而天台山则是山脉逶迤，层层上升。华顶是天台山的主峰，沈周是先到达华顶峰下的天封寺，其时已经日暮，在寺中歇了一晚，第二天登上山顶，心胸不由为之开阔。但见四周峰峦围裹，尽在脚下，状如含苞欲放之荷花；而云涛翻腾，近在身边，白云苍狗，变幻莫测，置身其中，恍若仙境。

从华顶峰下来，一路上溪回山合，树石奇特，越过三道山岭，便到了天台山中的著名景点"石梁飞瀑"——在两山坳间，一根石梁凌空横架，宽一尺多，长约三丈，两条溪流在桥下汇合，奔出峭壁，泻入下面深潭之中。站在梁上，只见飞瀑色如霜雪，声如震雷，势如奔马，下溅百丈，让人心胆为之一寒。从石梁飞瀑处行约十五里，就到了万年寺。寺前后多古杉，粗壮高大，又有仙鹤筑巢其上，每日清晨醒来，便能听到鹤鸣嘹呖，响亮而清远，让沈周几不欲去。

在天台山流连十天后，沈周便在万年寺中与寺僧及陪他的当地文人告别。但他并未立即返程，而是又顺路游览了天台山南六七里重岚攒翠的赤城山，这才尽兴北归。

三

天台山是沈周向南到达最远的地方,也是沈周毕生所游历的最远的地方。他向东游玩的虞山、昆山均属苏州府,向西最远也只到过南京。南京是个好地方,有太多充满诗情画意的风景,有太多值得文人登临沉醉的理由。成化二十一年(1485),沈周的整个春天几乎都是在南京度过的。他以前曾来过很多次:正统年间父亲沈恒任粮长时曾来南京代父听宣,那时他才十五岁,天顺年间他自己任粮长时,也因为听宣来过,但都身负公事,没有时间和心情饱览金陵山水。成化元年(1465),他曾专门来游,但只待了三天,不过是惊鸿一瞥。成化二十一年初春,沈周乘车西上,道经丹阳时,他赋诗一首:

抖擞山边水际身,廿年重踏旧京尘。
依依残梦丹阳月,兀兀轻车白发人。
谅自去来无个事,趁他花柳未分春。
关津莫作谁何问,诗酒承平一老民。

诗作中透露出的心情是轻松愉快的,"谅自去来无个事",但看山看水、诗会酒筵是少不了的。从初春到暮春,从秦淮河畔烟月到燕子矶头山河,从玄武湖上风雨到夫子庙前市井,在南京友人的陪伴下,沈周度过了一个畅快的春天。本来应该有史鉴的,沈周行前和他约好到南京相会,但史鉴为事阻延,直到"地上碧桃花事无"的时候也没来,而沈周却该返乡了。南京诸友齐聚正阳门外的神乐观,为他饯别送行。沈周口占一诗:"扁舟东去须乘急,还剩家园数日春",然后与众人道别上船,沿江而去。

在苏州西面,和苏州接壤的是无锡,沈周每次去南京,来回都要路过。无锡的惠山以"天下第二泉"闻名天下,沈周当然不会错过。成化十六年(1480),他专门前去游览,谒文襄公祠,访华孝子祠,登唐相李绅读书台,品天下第二泉,夜宿听松庵,两日而归。

苏州和无锡沿着太湖相邻,而宜兴和苏州则隔着太湖相望,中间隔着无锡。宜兴的张公洞号称"江南第一古迹",据传汉代天师张道陵和"八仙"之一的张果老都曾在此隐居修炼。沈周为游张公洞,两赴宜兴。第一次是在宜兴籍翰林吴俨陪同下,但因雨受阻,未能游成,当时沈周叹道:"名山之游,信亦有命。"

弘治十二年(1499)年初,沈周的一位友人带了一幅元朝周砥所绘的《宜兴小景图》来给他看,沈周一见非常喜欢,友人很大方地将此画送给了他。作为答谢,沈周画了一幅《铜官秋色图》回赠,"铜官"也是宜兴一处地名,沈周曾经游览过。不想友人的父亲对儿子将元画送人的事很不高兴,沈周听说后,立即又把《宜兴小景图》送还友人。

事情到此也就算结束了,但那幅《宜兴小景图》勾起了沈周对宜兴真山水的怀念,特别是张公洞,那次至而未游,一直引以为憾。于是沈周打算了偿夙愿,再赴宜兴。这却把家人吓坏了——此时的沈周已经七十三岁了,以年逾古稀之龄去跋山涉水,实在太危险了。家人极力劝阻,可是沈周游宜兴的念头难以遏制。

在这年的三月,沈周带了两名家童,从苏州盘门东的柳胥港扬帆,横渡太湖,到达宜兴,投宿在宜兴名士吴纶家里。吴纶,字大本,性格孤高,以隐为志,在溪山间建造了两栋别墅,一名"樵隐",一名"渔乐",每日逍遥其中,自比为陶潜。不过他对沈周却亲近之至,每到苏州,必去拜访沈周,对于其余苏州的名流也好,高士也好,均避而不见。

沈周的来访,让吴纶喜不自胜,陪沈周在他的别墅"樵隐""渔乐"附近的云水间盘桓了几日,其间又有宜兴当地的文人士大夫来拜访应酬。有天吴纶对沈周说:"我们宜兴有一处张公洞,是张果老修道成仙的地方,自古就被列入洞天福地,是我们宜兴的仙域，启南不可不游。"

沈周笑道："这早在我的计划之中了。你不说，我也要催你了。"

两个人于是略做准备，发船载酒，往张公洞出发了。驶过明丽如画的罨画溪，行了约四十里，二人舍舟登陆。向西南望去，见群山纵横，高下层垒。沈周不知张公洞在哪座山中，路该怎么走，他看吴纶，吴纶脸上也是一片茫然，原来吴纶也是很早以前来过，现在已经不复旧时记忆了。两人只好向着群山信步而行，走了一会儿，碰到一位打柴人，向他询问张公洞所在。打柴人指着一座山峰："那是孟峰山，张公洞就在山中，你们只要到了那里，就很容易找到了。"

沈周向那孟峰山望去，见竟是群山中最矮最小的，高不过二十仞，心中有些失望：这么小的山中，还能存在什么灵区异壤吗？

谢了打柴人，二人穿过曲曲折折的田野小道，到了孟峰山下。此时天色将暮，二人快步从山麓的树林中向左穿行，再折向北走了约二百步，在路边看到一个较小的洞穴，往里看去，深邃晦暗，一位恰巧从旁经过的路人告诉他们，这是张公洞的天窗，去张公洞还要转过山坡。

张公洞的洞口实际上并不比它的天窗大多少，洞口上方横了一根石梁，倒很像门楣，需要低头才能进入。洞口旁有一片齐整的方石，上面刻着纵横交错的直线，并刻有"仙枰"两字，意思是神仙下围棋用的棋盘，大约是好事者装神弄鬼放在这里的。

沈周和吴纶走进洞中，洞内地势下沉，有崎岖不平的石阶，沈周走了一段，感到很疲累，便坐在一块石头上休息。二人向下俯瞰，洞外时近天黑，洞内光线更暗，而且还有雾气浮起，很难再向前行。吴纶和沈周商量暂且先下山，等次日再来。

距孟峰山不远有一座道观，观中道士张碧溪与吴纶是朋友。当晚吴纶和沈周就投宿在道观中。晚上二更的时候，天突然淅淅沥沥地下起雨来，沈周怅然对吴纶道："看来明天是游不成了，难道我命中注定与此洞无缘？"吴纶道："这雨不会下多久的，只不过多住两天而已。"

所幸的是，第二天早晨雨停了。沈周心情大好，草草吃过早饭，和吴纶急匆匆赶到张公洞。沿石阶向下走，脚底好像悬空，身体似乎向深渊中坠落，洞中景观也愈来愈奇特。走到洞底，是一张巨大的石台。而昨天从上往下看的天窗，现在要从下往上看了。阳光从天窗射入，洞中明亮。相传这个洞是三国孙权时代被霹雳炸开的，天窗就是霹雳击中后的痕迹。

洞底是一个大厅，石台踞北壁下，高有丈余，穹顶如高山屋脊，倒挂下奇岩怪石。洞底四周乱石嶙峋，石乳、石柱、石幔、石花琳琅满目，其形其状简直匪夷所思。而在四壁还有许多洞口，竟是洞中有洞，洞内套洞，大洞包小洞，一洞复一洞，洞洞不同，洞洞有奇。有一个小童进入西壁的一处裂缝，许久不见出来，众人正惊疑间，小童却从另一个洞口蹒跚着爬出来。吴绂笑骂："小鬼何其侥幸！若这洞是向更深处，你还怎么出得来？"

正南石壁有一个洞口，向里望极其黝黑。沈周试着走进几步，却感到寒气沁入肌肤，根本不能久留，急忙退了出来，对吴绂说："这里不同的洞有不同的季候，进入此洞竟如隆冬。"

吴绂点头："但这个洞似乎比较平坦，倒可以进去看看。"说着带上两个家童，燃起火把走了进去。沈周暗叹自己毕竟老了，不敢以身试险。他在石台下盘桓、俯仰之间，尽得洞内奇巧之趣。

片刻后，吴绂从另一个洞口走了出来，他向沈周介绍旁洞中所见石床、石灶等器物，沈周笑着说："不用你说，我也知道了。我的神魂和你一起去游览的。"

"既如此，那你作一幅画，作一篇记，作一首诗，把我们今日游踪仔细记下来，如何？"吴绂趁机索要沈周的墨迹。

沈周笑答："仓促之际，无法着笔，待回去后，自不会辜负今日之游。"

两人又说笑一会儿，从朝天洞中出来，登上孟峰山山顶，岩壁上刻着元代著名诗人杨维桢题的四个大字："海内奇观"，龙飞凤舞，苍劲不凡。孟峰山虽不高，但山前地势开阔，极目远眺，纵览水光山色，令人胸臆舒张。

　　游完了张公洞，沈周随吴纶回到他的别墅，又住了几天，同时游访了宜兴其他几处名胜。他也没有食言，作了一幅《张公洞胜景图》，写了一首《游张公洞》诗，诗前加了一篇相当于游记的"引"。

此图由沈周与文徵明合作完成。弘治二年（1489），沈周开始绘制此画，后来由文徵明续笔完成。文徵明的题识中提到了沈周对他的教诲："画法以意匠经营为主，然必气运生动为妙。意匠易及，而气运别有三昧，非可言传！"

溪山长卷（局部）
明代，纸本水墨
36.8厘米×1729.3厘米（全幅）
美国大都会艺术博物馆藏

把翫閒適謂畫法文章物故有
江山縱許措逭窺其言石湖
之言及今五十年石陵沈久可
人乃循余善畫謂應猶可以
繼石湖者人而經若併文繪
事也此寬言近之妙在乎
善遣浪若夫筆運惝怳又
有可嘉馬丙午四月望後二
文徵明識時年七十有七

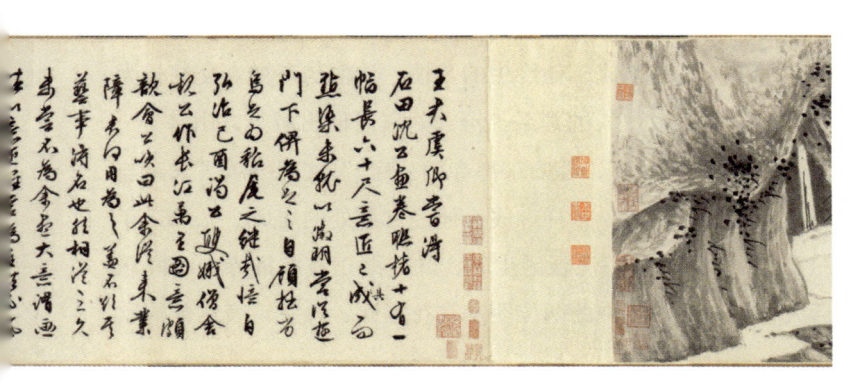

王夫廣卿耆灣
石田沈石畫卷眺諸十有一
幅長六十尺言匠之成而
延陵朱紙以為明者澤超
門下併囑之以目顧拙方
烏色而視厓之縺我培自
弘治已酉還石與賊傍舍
歌余工峽曰此余廉末業
陸吾曰為之萬石別下
蒼車消名也絲桐滄之久
未嘗石為舍盖大吾滑畫

四

如果说沈周到杭州、天台山、南京等离苏州较远的地方去，是明显以游赏为目的的特意之行，那么他在苏州城内外各处名胜的频繁活动，就已成为他日常生活的组成部分以及社交生活的重要内容。沈周常常到苏州城内外的禅寺中借住，或读书作画，或会友赋诗；他与友人的交往，与其他文人士大夫的应酬，也往往是在风景名胜中进行。

沈周一生中喜游禅寺，与父亲沈恒对他的影响有直接关系。沈恒时常驾扁舟入城，留宿必寻僧舍，焚香煮茗，流连忘返。沈周十几岁时常随父亲往来城乡间，入城亦随父亲宿于禅寺中，潜移默化中，这也成了他终生的习惯。沈恒与东禅寺交往最为密切，与寺僧敬上人的关系甚洽，刘珏说他出游上方山等处："游必遍而酌必醉也，暮归东禅寺敬公房。"沈周继续了父亲与东禅寺的这种友谊，东禅寺成为他经常游处的居所。弘治二年（1489）三月，孙子沈履诞生时，沈周即正在东禅寺中，闻讯后大喜，与同在寺中的两位朋友赏花畅饮，并赋诗表达他的欣喜之情：

> 三月十日天作晴，僧房怪见红婷婷。
> 正迎佛面露微泫，傍向客子心都倾。
> 我于六十出三岁，恰喜得孙花亦荣。
> 平添酒量破怪客，老雾卷花增眼明。
> 花不能言却能笑，道是无情还有情。
> 杨君绮语致喜状，周君络送双银罂。
> 拂花起舞成潦倒，明朝好事传春城。

东禅寺在苏州城东，相应地在苏州城西还有西禅寺，也是沈周经常借宿的僧舍。成化六年（1470）十月下旬，沈周与西禅寺明公重逢，应邀为明公作了一幅《溪峦秋色图》，图上题诗说：

> 每忆西禅地，城中人不知。
> 香炉供课佛，茗碗博题诗。
> 嗜淡黄金远，心闲白发迟。
> 劳生堪自薄，令我羡吾师。

诗后还有跋，讲述自己与明公的交谊："予虽江乡人，岁入郭无虚月，然未尝一假居廛市，假必明公所，往来逾三十年。明公无烦于余，余亦无所惮也。"可见沈周于西禅寺借宿之频繁。

除了东禅寺和西禅寺，沈周和苏州城中承天寺的关系也十分密切。承天寺是北宋初所改寺名，北宋宣和中曾改名能仁寺，元以后两个名字并行，又因为寺前有两座小土丘，故又称为双峨寺。这里被沈周作为在苏州城内的主要落脚点，饮酒会客，如在家中。

虎丘在明清两代苏州文人的社交生活中占有重要地位，是苏州文人士大夫们举行送别和雅集活动的首选之地。虎丘在苏州城的西北七里处，有"吴中第一名胜"之美誉，宋代大诗人苏东坡盛赞"到苏州而不游虎丘，乃憾事也"，相传他到苏州必访"二丘"，一是他的好友闾丘孝终，一就是虎丘。虎丘看上去只是一座小土山，但登临其上，又分明见到层峰峭壁，其势不亚于千仞高山，可谓小中见大；虎丘与城市紧邻，拔起于原野之中，周围再无高地，廓然四望，指掌千里，可谓平中见奇；虎丘上的剑池不过石间裂隙，池中水却不盈不枯，终古湛湛，可谓浅中见深。有此三绝，再加以山下的山塘河直通大运河，交通便利，也就难怪能赢得文人们的喜爱了。

沈周对虎丘的喜爱当然也是毫无保留的了。他在这里或杖履寻幽，或陪友同欢，或送客远行，并且屡屡呈现于笔端。成化十五年（1479）四月沈周乘舟往西山，因为动身较晚，在半路上天色就黑了下来，恰巧行到虎丘，便泊于山下过夜。夜色渐浓,明月东升,虎丘似被月光披了一层银色的薄纱,沈周立于船头,忽然想到,虎丘不论春夏秋冬,不论阴晴雨雪,都各有一番情致,那么夜晚的虎丘,月下的虎丘,该是什么景象呢?

这样想着,他跨到岸上,从云岩禅寺的山门走进虎丘。过了断梁殿,沿着蹬道向山上走,脚下月光如水,沿路熟悉的憨憨泉、试剑石、真娘墓在月光笼罩下,别具一种凄清之美。登上虎丘中心的千人石,但见东南松柏成片,西北轩阁迭连,近看剑池,远望古塔,月色清明,境界开朗。这时的虎丘,洗尽铅华;这时的虎丘,摆脱了世人在白天强加于它的喧嚣,呈露出它的本来面目。山空人静,沈周在千人石上缓步徘徊,杂念渐消,他体味到一种心灵上的澄明。

成化十六年(1480)正月,苏州文人在虎丘宴集,为时任工部都水司主事的徐源饯别。徐源世居长洲县,是一位颇得士子们尊敬的长者,正受命在山东治水,返乡省亲,现在又要赴任。宴会临近尾声,就到了赋诗唱和的时候,沈周自然义不容辞地担当起了当场作画的任务。

众人三三两两地在阁中亭畔或远眺或踱步,酝酿自己的诗作。沈周俯身于一棵松树下的书桌上,凝神思索如何着笔。如果仅仅画出虎丘的面貌,画出虎丘上一群执手话别或挥手远行的人,那就太刻板了,没有余味。他在这里送走过许多位友人,今后还会有更多的送别在这里发生,他应该表现的是送别的意境。思路明确后,剩下的就好办了。沈周屏息挥毫,一幅《虎

茸茸毛色半含黄，何独啾啾去母傍。白日千年万年事，待渠催晓日应长。

雏鸡图页

明代，纸本着墨
28.1厘米×37.6厘米
故宫博物院藏

丘送客图》很快就出来了。大家围拢过来，见图上没有任何眼下发生的情节，画面远景是峥嵘高耸的山峰，曲折清莹的泉水从山中流出，流入中景的平滩河流；而近景的岸上，苍劲茂蔚的双松下，一人正箕踞抚琴，神态潇洒，生意盎然。高山、流水、青松、雅士，对于友人的情意和别后的思念尽在其中。这幅画构思巧妙，意境超然，博得了大家的喝彩，徐源也甚是喜爱，小心地收藏起来。

　　如果仔细考察沈周的绘画作品，就会发现其中有大量是绘写江南实景山水，如《吴中山水图》《吴江图》《虎丘送客图》《两江名胜图册》《吴门十二景》《东庄图册》《张公洞胜景图》等，另外还有许多作品如《云际停舟图》《夜坐图》《江村渔乐图》等，虽无具体反映对象，但也显然融会了江南自然山水的特点，是作者先陶醉于自然界的风光，再流于纸上的结果。由这些作品可见沈周的"游"在其绘画生涯中所占的重要地位。他以畅游江南而得山水真意，又以山水真意融于笔墨之中，便有了这一幅幅中国艺术史上的精品杰作。

第五章

伤心诗画酬亲友
幽怀快意隔死生

薄暮及东泛,眼豁连胸臆。
净碧不可唾,百里借秋拭。

——《过湖偶书》

一

　　成化七年（1471）的春天，沈周与刘珏、史鉴、沈召结束杭州之游，返回苏州。之后的一段时间里，他沉浸在此次出行的愉快情绪中，人在相城，神留西湖，记忆中的湖山胜概时时流于笔端，呈于纸上。他更多的时间住在自己的别业有竹居。一日来了兴致，带领几个家童，重新将有竹居修整了一番。他买竹栽花，浚池蓄水，小阁临流，粉墙低垭，虽比不上刘珏的小洞庭内亭台楼阁齐全，假山湖石多样，却也别有一种清新雅致。

　　东晋名士王徽之喜竹，说"何可一日无此君"，宋朝大诗人苏轼也喜竹，说"无竹令人俗"。历代文人雅士都不掩饰自己对竹的喜爱，他们访竹、赏竹、咏竹、画竹，但多数人一生奔波于仕途，真正能有时间、有心情天天对竹的却不多。沈周为自己的别业命名"有竹居"，其意正在于此。小小一所园林，不求华丽，没有机巧，只在窗前亭畔，处处得竹之趣。

　　修整完有竹居，沈周对自己的这片天地很是得意，他写了一首《葺竹居》来表达这种心情：

> 行年四十五，两鬓半苍苍。
> 感兹白傅言，寒予适相当。
> 老态一何逼，流光一何忙。
> 坐懒百事堕，淡然与世忘。
> 黾勉旧田庐，今兹始葺荒。
> 买竹十数栽，初种未过墙。
> 把酒时对之，疏阴度微凉。
> 再歌荣木篇，为乐殊未央。

在诗中，他感叹年华易逝，人生苦短，而有了这所有竹居，就可以怡然忘世，体味生命的乐趣。伯父沈贞也对有竹居特别赞赏，他赠诗给沈周道：

> 东林移得闲风月，来学王维住辋川。
> 紫陌桃花红雨外，沧州野水白鸥边。
> 满斟浊酒无丝竹，散雨新邻有石泉。
> 教子只留方寸地，蓝田何待玉生烟。

诗中将沈周比作王维，期许不可谓不高。沈周很高兴伯父的夸赞，一口气和了六首，其中有一首写道："一区绿草半区豆，屋上青山屋下泉。如此风光贫亦乐，不嫌幽僻少人烟。"自谦里又带着些许自得。

吴中的文士造访有竹居的，见到沈贞和沈周的诗，也纷纷唱和。这些诗篇流传出去，远在北京的吴宽、李东阳以及杭州的友人刘英、沈宣等也参加进来，一时唱和者数十人。这些诗不外乎赞美主人的雅趣和有竹居的野趣，如"沈郎爱竹如爱玉，家住阳湖似渭川""幽人住在竹深处，种有青山灌有川""移家种竹杨湖上，半似湘川半辋川""开门延客炊新黍，酿酒呼童汲远泉""湖海动人诗与画，寻常留客酒如泉""敲门僧立秋阴里，避雨猿啼屋角边"，等等。沈周收到这些诗当然很欢喜，小小的有竹居居然也名震一时。

然而上天似乎不会让一个人开心太久。春天刚刚过去，沈召就病倒了。开始以为只是一场小小的风寒，服几剂药就会好，但几天后，病势突然急转直下，沈召卧床不起，竟至昏迷不醒。沈周和沈召一向友于情深，这时见弟弟状态危险，便衣不解带、夜不闭眼，寸步不离地守在床边，一连几天精心照料。沈召的病情稍稍稳定后，不忍沈周如此辛苦，让他回去休息。

沈周和沈召成家后已经分开门户，这几天沈召病重，沈周已让家人把自己的被褥搬过来，与沈召同住。沈召让他回去，声音虚弱，连举手的力气都没有，沈周又怎能放心得下？他劝慰沈召说："我把卧具都已搬过来了，什么时候你病好了，我再回去。"

沈召说："这怎么可以，岂不太拖累大哥了？"

"兄弟之间，还说什么拖累，可不太生分了？

"但是……"

"我是大哥,你要听我的安排。"沈周打断他的话,"不想拖累我的话,就安心养病,早日好起来。否则,我会一直这样陪着你。"

沈召还想再说什么,沈周说:"你身体很虚,不宜多讲话。"他顿了一下,又笑道:"你知道大哥对于医道还略知一二,由我来照看,你会好得更快。"

沈周读书本来就广博,经史子集医方卜筮无所不览,而文人素有"不为良相,便为良医"的传统,故沈周于医学方面的书籍更为留意,时间久了,居然也颇通医术,平时家人有什么寻常病恙,都不必找医生,沈周就可以开药看治。这些沈召当然明白,也就不再争辩,只盼着自己快点好起来,也免去大哥的辛苦。

所谓"福无双至,祸不单行",沈召的病还不见起色,沈恒又中风瘫痪。患了这种病,一生潇洒悠游的沈恒,心中自是说不出的气苦,而沈周的负担无疑又大大加重了。家里多出两个病人,还有一个刚满周岁的幼弟沈豳,都需人照顾,家中的日常经营、亲友的来往应酬,也需有人打理,沈周此时只恨分身乏术。不过父亲的风痹虽导致手足拘挛、全身不能动弹,生命尚无大碍,只要有人细心服侍就可以了,而弟弟的病却很凶险,必须时时把脉煎药,调理饮食。所以沈周仍住在沈召身边,奔波于父亲和弟弟之间。

转眼到了第二年初春,沈召的病时好时坏,沈恒仍是卧床不起。沈周谢绝了大部分社交活动，专心照料二人。

这日沈周正在喂沈召服药，刘珏家的仆人忽然走来说刘珏要请沈周过去一趟。沈周觉得奇怪，问他："有什么事吗？"

来人迟疑了一下，才回答："我家老爷近些天身子不大舒服，不能出门，想见见沈先生。"

沈周的心一紧，和沈召对望了一眼，转头对那仆人说："你先去吧，我随后就来。"刘家的仆人走后，沈召说："确实有些日子没见完庵先生了，大哥也代我问候一声。"沈周点点头，穿了一件衣服，向刘珏家走去。

刘珏家在相城的北雪泾，与沈家相距不太远，走到那里不用太长时间。见到刘珏的时候，沈周吃了一惊。只见刘珏满脸病容，比上次见面清瘦了许多，显然不是近几日才病的。

刘珏招呼沈周坐下，命家人上茶，问沈周："恒吉兄和继南的病况如何，可有好转？"

沈周摇摇头："还是老样子，完庵先生何时染疾，为何不早日派人告知？"

刘珏苦笑一下："原想稍稍好一点后，我自己走去告诉你。现在看来，恐怕我已走到头了。"

"好好的，怎可出此不祥之语？"沈周连忙劝解，"谁没个大病小灾，安心静养一段时日，自然会好的。"

"人老了，身体就不中用了，我自己感觉得出。"刘珏神色有些黯然。

沈周说："您怎算老呢？醒庵先生、东原先生，还有天全先生,哪位不比您年龄大,他们何尝称老?"

谈话间,沈周见刘珏面露倦意,便起身告辞。刘珏拉着他的手说:"本来不该打扰你,你已经够累了,但多日不见,真的非常想念。"

沈周心中一热,俯身说:"我也想念完庵先生呢。等病好了,到我的有竹居去住一段时间,我们就可以天天见面了。"

从刘珏家返回,沈周先进了自己的家,妻子慧庄将他迎进房里。自从沈召病倒,他为方便照料搬过去后,就很少回来了,为了专心料理父亲和弟弟家中的事,自己的家大半是慧庄在支撑。沈周见妻子脸色略显苍白,心下歉然:"这半年让你受累了。"

慧庄说:"相公是真的累了。我没做什么,鸿儿越来越懂事,能帮我很大的忙。"

"鸿儿哪里去了?"

"今天一大早就出去了,带了一幅你的画,说是要进城拜访魏耻斋先生,请他题字。"慧庄顿了一下,若有所指地说,"这孩子其实于书画之道也很喜欢的。"

沈周能听出妻子话中的遗憾。云鸿已经二十岁了,天资聪颖,读书勤奋,持身端正,不乐仕进,在各方面都很像沈周,唯独不擅绘画。沈周对此毫不在意,也不刻意培养,慧庄却耿耿于怀,她不想让沈家这门家学在云鸿身上中断。

沈周笑道:"作画不过是一门技艺,沉迷其中反而会玩物丧志。继承我沈家的清白门风,这才是最重要的。"

两人又谈了会儿父亲和弟弟的病情，互相安慰了几句。沈周话题一转，说："刚才我去了完庵先生那里，他也病了。"

"哦？"慧庄看丈夫神色凝重，问，"很严重吗？"

"斯人也而有斯疾！"沈周叹息一声，"你替我磨墨，我想写一首诗。"

慧庄起身到书桌前磨墨。

沈周把目光投向窗外。他懂得医理，虽然和刘珏谈话时他竭力安慰，但从刘珏的脸色中即看出刘珏已病入膏肓。他希望自己的判断失误，或者有奇迹发生。慧庄磨好墨，沈周在书桌上展开纸，提笔将归途中心有所感的一首诗写了下来：

春日微雨歇，鸣鸟自为群。
我有同心友，抱疴逾春分。
仙人不死药，悠悠世空闻。
求之不可得，瀛海隔苍云。

明知"仙人不死药"是"空闻"，是"求之不可得"，但沈周还是忍不住去想，因为他太需要了，如果能够得到，完庵先生、父亲、弟弟就都能治好了。他当然明白这种想法是空幻荒诞的，但他还有别的希望吗？

二月六日，沈周再次被刘珏派人请去。

这时的刘珏连坐起身都不能了，眼神已经有些涣散，见沈周到来，才精神一振。沈周紧握刘珏的手，轻轻唤道："完庵先生，完庵先生。"

刘珏发出微弱的声音："启南，这是我最后一次请你来了。"

沈周忍住泪："完庵先生不要胡思乱想。现在外面春意渐浓，等你病好了，我们正好出游……去年的今日，我们不是启程去杭州的吗？我们不是约好，每年都去一次的吗？……我等你病好，我们再去……"

提到去年的杭州之行，刘珏眼中闪耀出一丝光彩，但很快又黯淡下去。他向床边的桌上望去，那上面有几卷画轴："我的涂鸦之作，留在世间……要贻笑于人的，但是……作为纪念吧……"

二月八日，刘珏病逝。徐有贞、祝颢、杜琼、沈贞、沈周以及许多吴中文人士大夫参加了葬礼。

送葬回来，沈周极力控制自己的情绪，做出若无其事的样子。沈召明白哥哥的心意，也绝口不问葬礼情况。等到沈召入睡，夜深人静，沈周才独自躲进书房，将心中的悲伤用诗表达出来，宣泄于笔端：

> 故人不见见新丘，满目斜阳水乱流。
> 残纸独余书法在，旧囊那有使金留。
> 半生知己酬清泪，一夜伤心变白头。
> 寂寞小山丛桂里，空怜鸡犬忆仙游。

在沈周还是孩子的时候，就和刘珏关系亲密，半生中亦师

虎丘送客图

明代，纸本设色
173.1厘米×64.2厘米
天津博物馆藏

远山险峻，近处古松如盖，泉流湍急。一位文士临流坐于松下，停琴观泉，一派放逸闲适。画面表现了士大夫潇洒随性的生活态度。沈周自题五言长诗一首。诗、书、画相映，此图不可多得。

亦友，从做人到作画，莫不受到刘珏的帮助，而死亡却在突然间降临，从此幽明永隔，他只有对着茫茫黑夜倾诉自己的悲痛，写下"半生知己酬清泪，一夜伤心变白头"这样惊心动魄的诗句。

大自然毫不介意人世间的生老病死，节序轮回按着永恒的秩序照常进行，春天结束了夏天降临，夏天过去了就迎来秋天。江南的秋天明朗清爽，这样的天气对病人的身体应该有好处吧！在感觉到秋意后，沈周这样想。

然而沈召的病势一天比一天沉重，身体也一天比一天虚弱，他已经很久没有到屋外活动，很久没有触摸到阳光了。这天早晨，沈周喂他吃饭，他表示不想吃，说："大哥，我想去院子里坐会儿。"

沈周看他精神似乎很好，凹陷的脸颊上浮现出光彩，便答应了。

沈周端了一把椅子放在堂前的老桂树底下，扶沈召走出卧室，竟没有花费太大力气。将沈召在椅子上安置好，沈周在他身边半蹲下来。

"大哥，我病了一年多了吧？"

"嗯。"

"还记不记得我们小时候在这棵树下玩？"

"当然记得。"沈周伸手搭在树干上，回想起将近四十年前的情形：他和沈召穿着青衫，骑着竹马，绕着这棵老桂树跑来跑去，那时候沈召只有四五岁，沈周也不过七八岁。"有一次我故意绊倒了你，你的额头磕破，流了很多血，痛得哇哇直哭，可是当父亲问你是如何跌伤的，你却说是自己不小心，让我逃过了一顿打。"

"你不也替我在父亲面前撒过谎吗？"

兄弟两个都会心地笑了，但沈召笑得很艰难。顿了顿他又说："父亲身体不好，三弟还太小，以后全靠你在父亲面前尽孝了。"

沈周心中闪过一个念头：弟弟现在可是回光返照？他不由慌了，拉起沈召的手："外面有点冷，我们进屋吃饭吧。"

沈召似乎没有听到，嘴唇翕动，声音突然低了许多，沈周将耳朵凑上去，只听沈召在吟诗："……百年未满先偿债，十口无归……哥，我没力气了……你替我背一遍好吗？"

沈周答应一声，哽咽着背道："圣主如天万物春，小臣愚暗自亡身。百年未满先偿债，十口无归更累人。是处青山可埋骨，他年夜雨独伤神。与君世世为兄弟，更结来生未了因。"

这是苏轼写给弟弟苏辙的《狱中寄子由二首》中的第一首。当年苏轼遭政敌陷害，被罗织罪名，投入狱中，苏辙全力营救，上书皇帝，请求辞官为兄长减刑。苏轼在狱中备受拷掠，感到无生还希望，以为和苏辙就此生离死别，写了这首诗。

沈召向沈周微笑，用尽最后力气说：

"哥……世世为兄弟……"

从成化八年（1472）起，沈周连连经历丧亲亡友的事件。刘珏和沈召之外，徐有贞也卒于此年。随后的成化九年（1473）

和成化十年（1474），他的老师陈宽、杜琼也相继离世。成化十一年（1475），青年时代的好友俞景明病故。成化十三年（1477）正月，瘫痪了六年的父亲沈恒也辞别人世。

每个人的一生中都会不可避免地有亲友亡故。沈周是一位恭行孝悌、笃于友谊的至诚君子，每一位亲友的亡故对他都是一次沉重的打击，常令他久久不能释怀。成化八年（1472）的秋天，他沉浸在痛惜沈召早逝的情绪中，时而睹物思人，时而梦中相会，写了许多追怀的诗，其中一首《梦亡弟觉而述怀》写道：

> 秋灯凉冷夜窗虚，黄叶萧然鬓影疏。
> 梦里兄弟滋涕泪，愁边风雨念田庐。
> 莫嫌沈约常移带，始信虞卿解注书。
> 如此令人苦无赖，满街新水看游鱼。

随着时间的流逝，沈周心中的悲痛也慢慢淡化，但怀念之情却日久愈浓。成化十年（1474）的二月，距刘珏的去世整整两年了，沈周将所藏书画拿出晾晒，翻到刘珏所赠的几幅画轴，无限感慨又涌上心头。其中一幅《清白轩图》上还有沈周祖父沈澄和父亲沈恒的题诗。那还是天顺二年（1458），刘珏从北京回相城服母丧三年，一日在小洞庭的清白轩中开宴，座中有许多吴中文人，包括沈周八十三岁的祖父沈澄和父亲沈恒。沈周因有事未能与会，但那天的情景是听父亲述说过的。那日刘珏绘了这幅《清白轩图》，沈澄、沈恒和在座其他人都题诗于上。

沈周展玩《清白轩图》良久，在刘珏的题跋下面添了一首七绝："旧游诗酒少刘公，人已寥寥阁已空。仙鹤倘来还感慨，只应此地是辽东。"后两句用了令威化鹤的典故。据传丁令威是辽东人，学道于灵虚山。学成后化作一只仙鹤回到家乡，落在城门的华表柱上，发现昔时亲友都已去世。这时有一个少年看到了仙鹤，举起弹弓想射，仙鹤起飞，在空中徘徊言道："有鸟有鸟丁令威，去家千年今始归。城郭如故人民非，何不学仙冢累累。"春日春风依旧，而物是人非，沈周心中一恸，掷笔失声痛哭。

时隔不久，杭州诸中来苏州，到有竹居拜访了沈周。沈周看到诸中，就想起了三年前与刘珏、沈召、史鉴同游杭州，诸中与刘英等人热情接待，大家共游西湖，酌酒谈诗。而如今刘珏和沈召已然作古，沈周与诸中相见，又是欢喜，又是伤感。诸中告别时，沈周赠诗道："……别来人事等云变，旧游一梦惊三年。刘郎化鹤招不得，吾弟掩玉仍黄泉。感怀夙昔有零泪，掩卷怕看登临篇。……朱颜白发倏忽事，人生离合真堪怜。"

成化十三年（1477）正月，沈恒病故。沈周伤心之余，在大半年的时间里情绪低落，即使出游，也是愁绪无端，时时触景伤怀，所赋诗多如"客梦不熟翻黄绸，翻黄绸，夜愁悠"这类语气怏怏的句子。

二

这年的中秋节,碧空如洗,圆月如盘。沈周聚集家人陪母亲张夫人赏月,在庭院里摆出月饼、柚子、石榴、芋头、核桃、花生等果品,边赏月,边闲谈,等到皓月当空,开始分食供月的果品。沈恒去世后,家里第一次有了点欢喜的气氛。待明月西斜,夜深露降,大家都进屋安歇,沈周这才完全放开自己的情绪,在院子里久久踱步,口占一诗以寄托愁怀:

> 去岁中秋月,吾亲正在堂。
> 今年亲不见,此月若无光。
> 泪眼浑迷雾,衰毛半染霜。
> 东家共清夜,依旧有华觞。

成化十四年(1478),沈周的心境渐渐好了起来。这年也是他的好朋友吴宽回苏州为父守丧的第三年,丁忧期将满。两人都知道,吴宽起复后,回京任职,再见面的机会就很少了。

所以这一年他们频频地互访同游。

吴宽是在成化八年（1472）参加科考，会试、廷试均获第一，钦点为状元。沈周听到消息后甚感慰怀，他一直对吴宽期许很高，也一直相信以吴宽之才，必不会久困场屋。吴宽果然不鸣则已，一鸣惊人，不仅及第，而且中了状元。沈周远隔万里，闻讯后特地寄诗为贺："髯吴久客两京尘，甲榜前头忽致身。阿阁频年违凤鸟，鲁原今日见麒麟。文章岂但夸时样，事业还须继古人。海上老生惊喜后，强呼杯酒醉残春。"在诗中，沈周不仅祝贺吴宽金榜题名，更进一步鼓励他做出一番事业，这也是读书人梦寐以求的"达则兼善天下"。

中状元后，吴宽被授予翰林院编修之职，又因学识渊博，为人敦厚，被留在官中，做东宫太子朱祐樘（即后来的孝宗弘治皇帝）的老师。中国文人或者说中国儒家传统学说的最大理想便是希望通过对皇帝的影响使自己的政治理念付诸实施，从而达到"治国平天下"的目的。成为东宫太子的老师，不仅可以在太子即位后成为名副其实的"帝王师"，享有超过普通大臣的特殊礼遇，而且还可以最大程度地教化太子，使自己的政治主张通过太子在施政中得以推行。

吴宽蒙受皇帝如此眷顾，自然兢兢业业。他一直在朝廷为官，多年没有回过苏州。成化十一年（1475）的七月，吴宽在京城闻知父亲吴融病重，立即上奏章请求回苏州省亲，宪宗成化皇帝没有批准。吴宽又上第二道奏章，言辞恳切，才被准许。

既蒙恩准,吴宽稍加收拾,便匆匆启程,一路上归心似箭,星夜兼程,但从北京到苏州的路途太遥远了,不等到家,吴融已经去世,父子最终未能见上一面。回到苏州后,吴宽先在父亲的东庄住了一段时间,料理丧事。东庄是吴家的私家庄园,在苏州近郊,历史颇为悠久,庄内有稻田,有山丘,有河流。沈周曾于一年前来这里拜访过吴融,吴宽回来后,沈周再访东庄,却是为了吊唁,真可谓造化无常。他在挽吴融的诗中写道:

东庄风物依然在,但感重游失主人。
绿橘黄柑俱有子,清池白石尚无尘。
龙章实拜生前宠,鹤质虚图病里真。
知是贤郎来读礼,每临嘉树便沾巾。

成化十四年(1478)正月,苏州连下了几日寒雨。雨虽不大,却连绵不绝,令人气闷。这样的天气不适于出游和访客,沈周便一人移居于有竹居,在书房内读书习画,时间一久,渐生倦意,停笔立于窗前,听窗外雨打竹叶的声音。云鸿打伞从外面走进来,手中拿着一封请帖,是吴宽派人送来的,请沈周到他家相会。沈周打开读过,让云鸿套车。

云鸿皱起眉头:"外面下着雨,路很不好走,不能等雨停了再去吗?"

沈周说:"你吴叔叔准备了好酒名花,去就要'乘兴而去',

任它外面下雨还是飘雪。"

"万一车误在半路，乘兴可就变成了扫兴。"

沈周笑骂了一句："岂有此理，我还没出门，你就咒我出行不利了。"

吴宽的家在苏州城内的修竹巷，也是大门临街，前宅后园，可居可游。沈周到后，被吴宽引到客厅喝茶，吴宽的弟弟吴宣作陪。

沈周对吴宽说："你的好酒名花呢？我辛苦赶来，你不要说是空中楼阁哦。"

吴宽说："不急，在后园'医俗亭'中。我们先喝完茶，我再请你游赏我新修整过的后园，最后咱们再进医俗亭赏花饮酒。这叫渐入佳境。"

沈周觉得"医俗亭"这个名字蛮新鲜："医俗亭？这个名字倒好。我辈俗人正苦于无处求医呢。"

吴宣说："和石田先生的有竹居却刚好一对。"

"我的'医俗亭'一听就知道是穷措大附庸风雅，哪有'有竹居'这个名字含蓄耐人寻味。"吴宽笑着自嘲。

喝完茶，吴宽和吴宣陪沈周向后园走去。有一条回廊从入门的落轿厅穿过整个前宅，直通后园。回廊是半开放性的，将客厅、书房、起居室、天井以及后园的假山、池塘等分开又贯穿在一起。走在回廊里，视野并不觉受到限制，既可以倚柱眺望，也可以扶栏赏水，原本这些不相关的山石草木、廊桥亭榭，被一条回廊连接得这样和谐、完美，又妙趣横生，仿佛是天然的结合。

进入后园就看到一座假山，并不高，也不奇崛险峻，但它造成了园中的起伏，起伏带来变化，避免了对全园的一览无余，使人在视线突然被阻隔后对另一面产生兴趣。后园入口处是不能登山的，回廊不是到山为止，也不是从山开始，而是环绕着山，绕过山才乍然看到别有一个世界在那面，颇合"山重水复疑无路，柳暗花明又一村"的诗意。转过山便看到一片水，无水不成景，无水不成园，后园的房子依水而建，山依水而造。回廊到这里分成两条路径，一条环湖迂回，一条成桥，曲折地越过水面，通向对岸，还与湖中央的一个亭子相连。

沈周对吴宽夸赞："此处非田园，而有田园之恬静；非山林，而现山林之悠远。我于此见主人雅意。"

"过奖了。"吴宽并不特别谦让，因为这座园林确实花了他大量心血。造园向来是"三分匠人，七分主人"，造园匠和主人共同设计制造，以造园匠叠山理水的技艺，显现主人风雅不俗的品味、修养和学识。

三人缓缓走上九曲桥，似走似停，感受一步一景的绝妙，漫不经心又无不留意。桥与水面很近，细雨霏霏，如丝如雾，洒落湖面。圈圈涟漪底下，三五成群的红鲤鱼游来游去，时而听到鱼儿跃出水面的泼剌之声。

走到岸上，又是一座假山，拾级而上，很快到达山顶，医俗亭就在上面了。站在医俗亭里,可以俯瞰全园,但这里毫无那种"一览众山小"式的霸气,而是和全园融合的另一种体味。回目刚才经过之处,别是一番风致,小到一个台阶、一个漏窗,大到亭榭廊桥、树石山水,无不用心斟酌,使得景物和景物之间层次错落有致,相映成趣。

医俗亭中的石桌上摆着一个尚未启封的酒坛,吴宽让家人送上菜肴,请沈周坐下,指着酒坛:"这是京城一位同僚返乡路过苏州送来的。"

沈周说:"美酒有了,名花呢?"

吴宽一笑:"名花就在眼前,你却视而不见。"看沈周还是一脸茫然,便伸手斜向上一指。沈周顺着手指的方向望去,不由哑然失笑。原来在医俗亭两根石柱间连了一道细细的绳索,绳索中间悬着一个花盆,刚才自己就从下面经过,竟然未曾在意。沈周虽叫不出这株花的名字,但也不见得有什么稀奇,刚要调侃吴宽几句,忽然觉得有点怪怪的。他起身走到那盆花下面,仰头细看,发现整个花盆竟是花的茎叶缠绕生成,"盆"内实以土壤。沈周不由啧啧称奇:"培植这花的人必有第一等慧心灵窍。"

吴宣说:"这是我昨日在虎丘下的山塘街无意中得的。那花匠原不肯卖,说是要等到二月十二日花朝节拿出来吸引游客的,禁不住我软磨硬泡,花了大把银子才买下来。"

沈周重又坐下,三人品酒赏花,话题转移到花朝节上来。

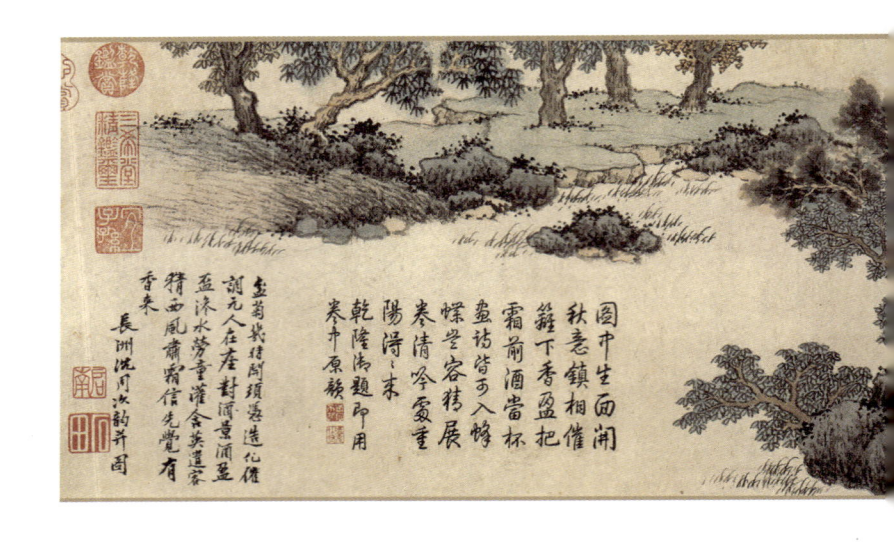

所谓花朝节就是百花生日,各地日子有所不同,一般为农历二月十五,是仲春春花最为繁盛之际,苏州则以二月十二为百花生日。这一天苏州人会齐集虎丘花神庙,祝贺百花仙诞,卖花者、买花者、看花者熙熙攘攘,花船拥塞在虎丘山下的山塘河,所谓"花船尽泊虎丘山"。从花朝节后,百花盛开的序幕就揭开了,苏州人也开始出门探春踏青,只要天气晴朗,便轻车骏马载道,画舫轻舟塞河,或三五同好,或全家老小,纷赴城郊郭外。

吴宽和沈周相约花朝节后出游,沈周立刻笑着声明:"虎丘我是不去的,人比花还要多。"

吴宽点头:"好啊,那你就找一处既能赏花又能够独乐的地方。"

盆菊幽赏图卷

明代，纸本设色
24.4厘米×86厘米
辽宁省博物馆藏

画中三位文人赏菊，画家对他们着笔不多，相比之下茅亭、树木、盆菊显得更为精细。沈周巧妙地以概括的形体点出了赏菊活动的主题，体现了他对这一题材的处理能力。此图也被认为是"细沈"画风的杰作之一。沈周自题诗："盆菊几时开，须凭造化催。调元人在座，对景酒盈杯。渗水劳童灌，含英遣客猜。西风肃霜信，先觉有香来。"此画乾隆时入内府，有乾隆御笔题签。

三人边饮酒边谈笑，外面的雨下得大了起来。饮完酒，吴宽兴犹未尽，邀沈周留宿。晚上两人同房连榻，谈起杜琼、陈宽、刘珏、沈召等过世师友，自又有一番伤感。

半个多月后，吴宽到相城回访沈周。自从天顺七年（1463）吴宽第一次造访有竹居，至今已有十五年了。几年前沈周重新修葺有竹居，引得南北士林数十人唱和，吴宽读过那些诗，也参与了那次唱和，他凭记忆和想象描绘有竹居是"选树莺啼江雨外，看山人立断桥边。花时择胜频移席，日暮临清或弄泉"。现在亲身来到，才觉出自己所写太泛泛了。有竹居与村落间隔一里左右，在田野间显得很是醒目，从外面看似乎占地不广，身处其中却并不觉得小，这里没有任何多余的建筑或设置，虽然也有亭有池，但令人感觉到的只有青青绿竹，洁净幽雅。左右顾盼，早觉目朗神清，心怀舒畅。

有竹居的主体建筑是五间小斋，兰香竹影，朴实无华。吴宽被引入书斋，书斋内的格局与十五年前相比倒无多大变化。沈周请吴宽坐下："你来得正好。我刚刚取出林和靖的《与僧二帖》，一起赏鉴如何？"

说着转身从书架上托下一个檀木匣，打开匣子，从里面拿出两只丝绸包。沈周将两只丝绸包并排置于书桌上，小心翼翼地一层层打开，两只包里各有一张信笺，颜色泛黄，墨迹依然鲜明。吴宽站起身，走到书桌前仔细观看。沈周用一方玉石镇纸将两张信笺的一端轻轻压住，尽量避免用手触碰到。

沈周说："评者谓'林逋伤瘦'，可是我以为林和靖的字恰好在瘦挺中见孤峭。原博意下如何？"

吴宽虽于绘画不精，但在书法上堪称名家，对历代书家有他独到的看法，听沈周问起，回答："林书瘦而不枯，遒劲纵逸，不能称'伤'。黄山谷（即黄庭坚）曾谓每见林和靖字，'方病不药而愈，方饥不食而饱'，可见其别具一格。"

沈周说："此二帖神清骨冷，气韵非凡，清莹如冰玉，宛然是和靖先生风节蕴含其中。"

"林和靖十二年不涉足城市，一生不娶，种梅养鹤，梅妻鹤子，真让人悠然神往啊！"吴宽对沈周的说法也很是赞成，"距和靖先生作古也快有五百年了，他无意中留下的几行墨迹还让人当作珍宝，保护得完好如斯，这应该是后人对他人格的尊崇所致吧。"

"是啊，那些品德庸下的人，就算凿石磨山，把他们的字又大又深地刻在石碑上，人们也一样弃之如敝屣。"

收起林和靖的手札，吴宽再次打量窗内窗外的布置："怪不得启南兄不肯出仕为官，原来是'此中有真意'。仙界的洞天福地，恐也不过如此吧！"

沈周颇为自得："'众鸟欣有托，吾亦爱吾庐'，如果喜欢这里，就不要走了，在这里住几天吧。"

吴宽说："我正有此意。哈哈，就让别人说我打秋风、吃白食吧。"

隔了一日，沈周又让云鸿取出自己收藏的三件宝贝和吴宽共赏：一件是李成的《瑶峰琪树图》，一件是董源的《龙宿郊民图》，第三件是商代的青铜器父乙尊。

李成和董源都是五代宋初时画家。李成祖上为李唐宗室，家世中衰，但到李成仍然以儒道为业，磊落有大志。可惜他怀才不遇，于是放意于诗酒之间，寓兴于笔墨绘事。故所画山林薮泽，平远险易，萦带曲折，飞流危栈，断桥、绝涧、水石，风雨晦明烟云雪雾之状，皆精妙无比。董源在五代南唐时曾官北苑副使，他用水墨专画江南真山，开创了"江南水墨山水画派"，也被视为文人画的宗主。他所画山水，树石幽润，峰峦清深，天真烂漫，意趣高古，笔致真率潇洒。后人有评论说："宋世山水超绝唐世者，李成、董源、范宽三人而已""董源得山之神气，李成得山之体貌，范宽得山之骨法"。

吴宽本人也是收藏家，当然明白这两幅画的价值。董源和李成的真迹流传极少，属于那种可遇而不可求的珍品。他的收藏多以书籍为主，书画还在其次，至于金石器物就不太在意了，所以对那件父乙尊没有太大兴趣，他擎在手中看了一会儿，随口问："不会是赝品吧？"

"当然不是了，"云鸿在旁边插口，"从重量上就可以感觉出来。真器从铸成到现在有几千年了，有腐蚀，有磨损，比看上去要轻许多，伪器的重量就和体积很相配。你再看这锈，真器的锈是一层层生成的，每层颜色都不同，用指甲也剥不下来，伪器的锈层次单薄，颜色带土气，而且不结实，用指甲就能抠掉。"

云鸿停了一下，见吴宽很有兴趣地听着，就继续讲下去，从真器的鉴别到不同时代的不同器形，从伪器的制作方法到铭文与纹饰的识别，如数家珍，滔滔不绝，最后突然发觉自己说的时间似乎过长了，急忙打住，不好意思地说："小侄也只是知道点皮毛，在这里卖弄，让吴叔叔见笑了。"

吴宽说："讲得很好，让我长了不少见识。想不到维时（沈云鸿，字维时）竟如此精于金石之道，真是虎父无犬子啊。"

沈周笑着表示不敢居功："这却不是我教他的。在金石器物的鉴赏方面，我也比不上他。"

云鸿见吴宽兴致很好，便打开一幅画轴，是沈周画的《有竹居图卷》，请吴宽在上面题诗。上面已题有一首徐阁老的诗，吴宽于是次韵题道：

系舟高柳下，又是十年余。
遥踏无媒径，重寻有竹居。
笔精知宋画，器古鉴商书，
前辈诗题在，风流邈不如。

在有竹居中又住了两日，沈周和吴宽起了游兴，二人乘舟去了虞山，自朝至暮，尽兴而返。第二天，吴宽告辞回家，临别时对沈周说:"上次在我家医俗亭中,我们曾约好在花朝节后出游观花,牡丹花信将至,不要误了啊。"

沈周说:"自然不会忘。不过我们不要去山塘花会,我知道一处地方有几十本牡丹,品相俱佳,知道的人却不多。待谷雨后我们就携酒往观。"

"哦,在何处?"

"在城内庆云庵。我曾在那里借宿,庵中的觉上人是一位佛门雅士,颇通花卉培植之道。"

两人商定之后,吴宽辞别回家。这时距谷雨已经为时不远了。牡丹在谷雨前后开花,俗名"谷雨花",苏州有谚语说:"谷雨三朝看牡丹。"所以沈周要和吴宽约定在谷雨后去赏观。谷雨时节,正值三月暮春,料峭春寒已过,炎炎夏日未来,气候最是和煦宜人,自古以来都是踏青的大好时光。牡丹当此节候,殿春而开,可谓占尽天时。

苏州的牡丹是从河南洛阳移植过来的。牡丹的栽培,在隋代以洛阳为中心,在唐代以长安为最盛,五代和北宋时洛阳的牡丹花事重又繁盛,苏州开始较多地种植牡丹,就是从北宋时开始的。为宋徽宗负责"花石纲"的朱勔是苏州人,他为皇帝搜刮民间珍宝也不忘充实自家腰包,他的家圃在阊门内,从洛阳引植牡丹成千上万本,每一本都用绸缎作帷幕遮护,都挂上一块饰金的牌子,上面记着品种名称。从此苏州有了种植牡丹的传统,种牡丹的花农大多是太湖边的洞庭山及光福镇人,每到开花时节，便用船载到山塘街花肆上出售。而苏州城内外有花之处，都会有仕女从远近赶来游观，热闹非凡。

三月的一天，风和日丽，沈周的二女婿徐襄来探望岳丈。徐襄，字克成，是一位忠厚勤恳的书生，和沈周谈到近日各处牡丹盛况，沈周想起与吴宽的约定，便带徐襄一起赶往城内。他们先到吴宽家里与之会合，吴宽笑称早已等得不耐烦了，然后三人乘车赶到庆云庵。

庆云庵中果然比较清静，只有三五名香客进出。主僧觉上人听到沈周来访，连忙出来迎接，施礼笑道："前日我的牡丹花开，我就算着你该来了。"

沈周将吴宽和徐襄介绍给觉上人，双方互致问候，然后觉上人就领三人穿过大雄宝殿，来到庵的后院。后院中竟有一个花圃，里面长着总有上百本牡丹，姹紫嫣红，吐蕊绽放，一大片灼灼夺目，灿如云霞。吴宽看这些花虽开得繁华热闹，却也多是"玉楼春"等寻常品种，脸上微露失望之色。

沈周解释："这里只是'引景'，珍品在花室中，不能轻易与外人观的。"

三人随觉上人走进一间禅房，一推开门，就觉满眼富丽堂皇：室内一条长桌上摆着十余盆正在绽放的牡丹，花团锦簇，风致嫣然。大的花盘直径有半尺有余，叶如翠羽，蕊如金线，芬芳满室。吴宽赞道："真不愧是国色天香，天生尤物。"

沈周在一株牡丹前站定，问："这一本很别致，我去年好像不曾见过，是新培植出来的？"

"不错，"觉上人答道："可花了不少心血，我给它取名为'万卷书'。"

他俩这样一说，吴宽和徐襄也凑过来，见这本牡丹花瓣奇大，层层叠起，有如书页外翻，都说："这名字何其贴切。"

三人一边听觉上人解说，一边一本本品赏。觉上人已经让他的徒弟准备佳肴，等三人观赏过之后，就在花室中饮酒赏花。徐襄像忽然想起来什么："都说牡丹中以姚黄、魏紫为极品，可是我觉得大师几本牡丹已称得上人间极致，应该不逊于姚黄、魏紫吧！"

觉上人摆摆手："徐施主谬奖了。老僧这几本怎敢和姚黄、魏紫并称。"

徐襄奇怪地问："姚黄、魏紫到底有何奇异处？我实在想不出来如何还能比眼前的花更美。"

觉上人放下酒杯说："姚黄是宋朝民间姚氏家中培育出来的，花头面广一尺，花香特异，当时皇宫中号为'一尺黄'。牡丹本有'花王'之誉，而姚黄在牡丹中又被冠名'花王'，真是王中之王了。魏紫本是山中野生，五代时由樵人发现，被一个叫魏仁浦的人买去置于园中，后被称为'花后'。"

沈周道："超过姚黄、魏紫的也不是没有，只是少为人知。晚唐段成式《西阳杂俎》中说，长安兴唐寺有一窠牡丹，有一年春天，长出一千二百朵花，颜色有正晕、倒晕、浅红、浅紫、深紫、黄白、檀等，有的花面直径达七八寸。像这样的牡丹，

万绿红芳图

明代，纸本着墨
140厘米×65厘米
私人收藏

此图花卉形象写实，以没骨法出之，笔触细腻秀润，设色清雅恬淡，湖石则笔墨精简，苍劲浑厚，与之形成鲜明对比。画面简洁，质朴天真，流露出浓郁的文人气息。

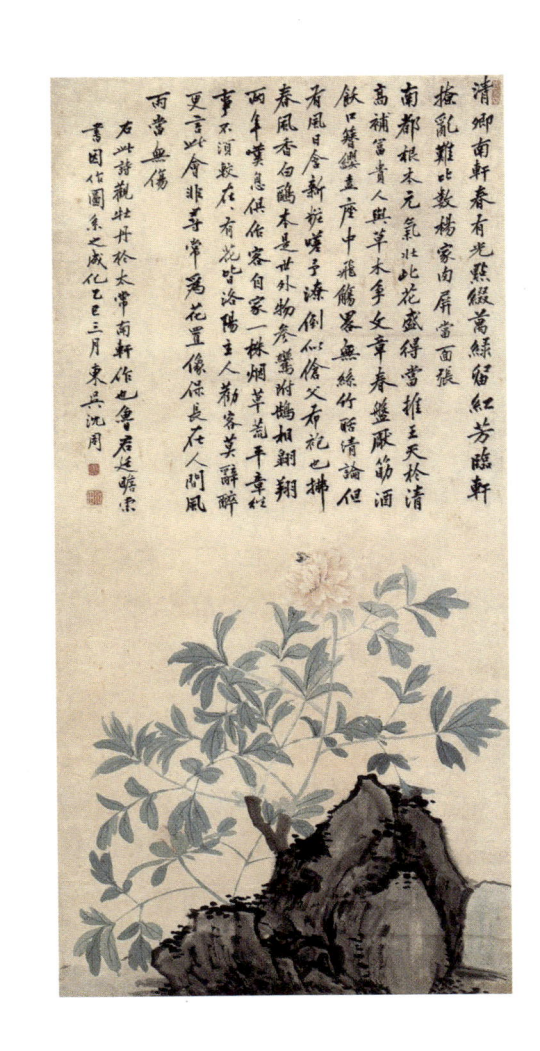

可以称得上空前绝后了。"

"沈施主所见极是。古人培植的珍品还有很多，如鹤翎红、九蕊真珠、鹿胎花、玛瑙盘、瑞露蝉、观音面、醉杨妃、素鸾娇、驼褐裘、睡鹤仙、藕丝霓裳等，不仅花名雅致，从记载看，其色与香都不比姚黄、魏紫差，可惜都不曾流传下来。"觉上人说起这些来如数家珍。

徐襄问："那是为什么呢？"

"可能是古人不肯轻易外传稀世品种的培育方法吧。像欧阳修《洛阳牡丹记》这样的书，对具体花品如何栽培皆语焉不详，有些记录甚或只是以讹传讹的猜测。老僧也曾按古人书中记载之法培育，结果却是一塌糊涂。"

几人喝完酒，又在牡丹花前观赏嗟叹了一会儿，被觉上人请到方丈室中喝茶。徐襄请沈周绘一幅牡丹图，说要学古人"卧游山川"，以后他可以"卧观牡丹"。沈周请觉上人准备纸墨，提笔一挥而就，并题诗一首：

　　三月十日天半晴，庆云庵里看春行。
　　陶娘李娘俱寂寞，鼠姑照眼真倾城。
　　老僧却在色界住，静笑山花恼客情。
　　靓妆倚露粉汗湿，醉肉隔花红晕明。
　　吉祥将落旧有恨，急借纸面图其生。
　　明朝携酒正恐谢，亦怕敲门僧厌迎。

三

成化十五年（1479）的仲春，沈周接到吴宽的请帖，请他去为程敏政送行。

沈周对程敏政早已有所耳闻。据说他幼时异常聪颖，随父寓于京师，读书过目成诵，能文善对，人称神童。一日，英宗皇帝闻名召见，他过宫门时，因年纪小，门槛高，难以跨过，英宗随口吟出一个上联："书生脚短。"程敏政越过门槛，跪下就答："天子门高。"当时恰好御膳监进蟹，英宗手指盘中说："螃蟹一身甲胄。"程敏政立即应对下联："凤凰遍体文章。"英宗大喜，称赞他说："鹏翅高飞，压风云于万里。"程敏政知道这是皇上的勉励，于是奏对："鳌头独占，依日月于九霄。"

这个传说很可能有被夸大的成分，但程敏政获明英宗的赏识，十几岁时就被破格诏读翰林院却是真的。此后程敏政也的确不负圣望，成化二年（1466）以第二名进士及第，仕途平坦，朝中有"学问渊博程敏政，文章最好李东阳"之称。现官居左谕德，与吴宽同为东宫侍讲。

程敏政在数月前获假回安徽老家省亲，返京时想到与吴宽已经三年未见，特意路过苏州，在吴宽府上小住了两日。

大凡英雄名士之间，即使没有机缘相遇，相互闻名也会生出惺惺相惜之心。沈周听吴宽等朝中友人谈及程敏政时就有了好感，而程敏政同样对沈周也早有倾慕之心，对于少年得志的他来说，很少有人能让他如此看重。吴宽也想引见两位朋友彼此相识。但程敏政到苏州后，与苏州官员以及已经致仕退居苏州的旧日朝中同僚的应酬是无可推托的，直到程敏政要离开苏州，吴宽在虎丘饯行，才有了引见二人的机会。

当沈周到达虎丘，吴宽已在望苏台上摆好酒席。来送行的人除沈周外，只邀请了李应祯。

程敏政看见沈周从山道上行来，不待吴宽介绍，自己先迎了上去，与沈周握手寒暄，如同故旧一般。李应祯随后和沈周见过，转头笑对程敏政说："程大人这次可真是喧宾夺主了。"

程敏政一摆手："是真名士自风流，我和沈先生虽初次相见，但神交已久，哪里还能像和你们这般腐儒一样，拘于繁文缛节。"

"极是极是，"李应祯大笑，"还真被你说中了，启南可是我们这群人中最笃实遵礼之人。"

吴宽打趣说："启南兄是逢文王谈礼仪，遇桀纣动干戈，碰到程大人，他也就只好不拘小节了。"

四人一边说笑，一边落座饮酒。程敏政和沈周都属于博学渊识、才思敏捷型的人物，但程敏政比较张扬，意气风发，每次都是他挑起话题；沈周温雅内敛，却能问一答十，侃侃而谈。吴宽和李应祯也都好古博学，时出妙论。

谈话越深入，程敏政对沈周的才学就越惊讶，尤其是沈周对朝中之事非常了解，对朝政利弊也有独到见解。临到酒宴结束时，他再也忍不住心中的疑惑了："沈先生如此才识，却僻居林下，太屈才了。我看沈先生关心国事，也不像餐风饮露、超尘出世的隐士呀。"

沈周微微一笑，说："程大人抬举了。我不过是一介村野草民，无德无能，尽自己做臣民的本分而已。"

程敏政摇头说："君子当位，才能让小人退避。若都如沈先生这般只顾爱惜羽毛，远离朝堂，却让小人沐猴而冠，岂是苍生之福？"

"所以要请程大人加倍努力，多多引贤荐能，辅助当今圣上成为尧舜之主。"李应祯插口说，话里略带戏谑。不过程敏政很认真地昂然回答："那也是不消说了。大丈夫即使要当隐士，也应先做出一番事业，然后再学范蠡，功成身退，泛舟五湖。"说着把手向远处的苏州城一指——望苏台在虎丘山顶的东侧，下临崖壁，向东便是平野和平野上的苏州城，城内的烟柳画桥，粉墙黛瓦在望苏台上一目了然。据说这苏州城便是当年越国灭吴后由范蠡设计建筑的，几千年过去了，虽几经兴衰，但大体的格局却没有发生变化。

沈周见程敏政豪气干云的样子，暗想天下事哪有如此容易，不能清楚地估计现实，恐怕终究要吃亏的。

酒宴结束，四人从虎丘前山下到山塘河边，程敏政的船已等候在那里。沈周和他拱手告别，迟疑了一下，还是说：

"程大人，我有一句话，不知当讲不当讲。"

"你我一见如故，还有什么话不能说。"

"程大人，有一句俗语说'木秀于林，风必摧之'，才高必然遭妒，气高容易受挫。程大人虽受圣恩眷顾，却也不能不小心啊。"

沈周的性格单纯而深厚，这使他走到哪里都会受欢迎，他也会很快和任何一个人交上朋友，但他能把握分寸，交浅绝不言深。他与程敏政初识，便说出这样推心置腹的话，是因为对方的率直才以友相待。他相信程敏政对这番话即便在意，也不会产生任何芥蒂。

程敏政显然很意外，他稍作沉吟，缓缓说道："多谢沈先生良言美意。如果真有众口铄金，积毁销骨的一日，那也只好由命了。"说完，便与沈周、吴宽和李应祯互道珍重，踏上船，挥手离去。

看着程敏政的船渐渐远去后，吴宽邀请沈周到他家住上几日，沈周说家中还有一件必须近期内完成的事，耽误不得。

李应祯在旁笑道："启南一定是在绘制一幅惊世杰作了，吴大人还是不要搅扰。"

吴宽满脸遗憾："我的丁忧期已满，很快就要回朝复职了。相聚之日无多，我在家中随时等启南兄驾临。"

沈周点点头，与二人道别，乘船从水路返回相城。

沈周当然珍惜和吴宽相聚的最后这段日子，但他的确有一件事必须做完——他必须在吴宽临行之前完成一幅画作，而这幅画作正是他要送给吴宽的。

当他应吴宽之邀去虎丘为程敏政送行时，这幅画作已完成了大半，他自己也开始为自己的作品激动，每当完成一间屋舍、一道细泉、一丛树，眼前便仿佛增了几分光辉。这时候已容不得有任何懈怠，容不得有半点瑕疵。他也想尽快完成，然后可以去苏州城内，和吴宽昼同游，夜连榻，但是这幅画的工作量太大了，他要画的是一件宽一尺一寸、长三丈七尺多的长卷，并且仿了王蒙"密丽"的画风，要将画面布置得满满的。他不得不放弃最后的相聚，为的是赠送吴宽一件与他们的情谊相称的礼物。他相信不论分别多久，只要吴宽展开这幅画卷，都会真切地感到似乎在与自己面晤。

就在吴宽赴京的这天，沈周终于画完了最后一笔。吴宽早在两日前已派人来告知启程的日期，请他务必赶到。沈周心中虽急，仍一丝不苟地完成了这幅《京江送远图》。还应该题上一首诗的，但来不及了，就在路上打腹稿吧。

沈周将刚刚完成的画作仔细地装入一只锦匣中，然后乘船往寒山寺方向追去。他知道吴宽此时肯定已不在城内家中了，而他动身太晚，即使赶到苏州文士约定为吴宽饯行的虎丘，恐怕宴席也已结束。所以他直奔寒山寺旁的京杭大运河，这是由水路去京城的必经之路，还有机会与吴宽相遇。

沈周所料不错。他的船在寒山寺附近转入大运河，再行不久，就看到前面一艘大船，船尾站着一位身着官服的人，正是吴宽。吴宽也看到了沈周，二人挥臂遥呼，两艘船很快并到了一起。

沈周攀上吴宽的船，吴宽非常高兴，口中却不住抱怨："启南来得何其晚也！我在虎丘等了那么久，都已经绝望了。李大人还说你没来，无人作画，让大家少了许多兴致。我上了船，没和你见最后一面，你知道我有多不甘心？我站在船尾，总想着你应该会来的，现在果然来了。哈！如果你不来，我可要这样一直站到京城了。到底什么不得了的事拖住了你？"

吴宽一边半开玩笑半认真地埋怨，一边把沈周让进舱房中，让座上茶。沈周等吴宽停下来，才微笑说："其实这近一年来，我一直在为你作画。"

"一年？"吴宽惊讶地看着沈周，看他取出锦匣，从里面拿出一卷画，"我请你到我家，总请不动，就是为了作画？"

沈周将画递给他："你看看就知道了，可是花了我不少心力呢。"

吴宽接过画，放在桌上，慢慢展开，一眼就被这幅画的精工与细致吸引住了。画幅的开头是一条曲折蜿蜒的山道与一条小溪相伴而行，两边山石大小相间，疏密有致，丛树隔溪呼应，顾盼相连。自右向左，溪流上小桥横跨，茅亭幽谷，近树远壑，使人油然生出置身山野之感。再向左，是开阔辽远的江面，江上波涛不兴，主人乘舟将行。岸渚上，众人长揖作别，依依不舍。

吴宽止不住地连连赞叹，他知道沈周已很少作这样精工细致的画了，特别是为送行、庆贺等交际应酬而作的画，通常以求意为主，稍具形态。

"何至于让兄如此劳神，此画置于元人作品中也毫不逊色，小弟怎能当得起？"言语之下，吴宽感动不已。

"不过一幅画而已，谈何当不当得起。不过它还不能算彻底完成，尚欠缺一首题诗。刚才我已在路上想好，现在就补上吧。"沈周说着展开长卷的最后一段。

吴宽命家人取出纸笔，亲自为沈周磨墨。沈周题了长诗并加上一篇跋：

> 赠君耻无紫玉玦，赠君更无黄金箠。
> 为君十日画一山，为君五日画一水。
> 欲持灵秀拟君才，坐觉江山为之鄙。
> 峙而不动衍且长，惟君之心差可比。
> ……
> 声光固是天下士，先忧后乐君须任。

> 吴太史原博，奔其先大夫之丧还苏。制甫终，告别乡里以行。友生沈周造此追饯于祖道之末。辞鄙曷足为赠，太史宁无教我乎？

沈周放下笔，吴宽又看一遍画，读一遍诗，连连说："启南兄如此高情高誉，我何以当之？"

不知不觉中，前面就要进入长江了。沈周和吴宽携手走上甲板，暮春的阳光在水面跳荡，运河两岸原野广袤，绿色伸展无垠，田舍点缀其间。分别的时刻到了，沈周回到自己船上，又与吴宽的船伴行一段路程，这才放慢速度，目送吴宽的船驶入长江，渐行渐远。

四

送走吴宽后,沈周的生活平静而悠闲,日子如平原上的流水一般流过,没有风浪,没有曲折。云鸿已完全负担起了家事,这使沈周可以从田粮租赋、柴米油盐等世俗琐事中超脱出来,一心一意地去做个"闲人"。

中国古代文人在关怀天下苍生、努力政治进取的另一面,是对闲适情怀的追求,对个体生命在尘俗之外的精神境界的深刻体味。苏东坡曾有词说:"几时归去,作个闲人。对一张琴,一壶酒,一溪云。"这不是无所事事的懒人的闲,而是沉醉于自然和艺术的文人的闲。

苏东坡一生像多数文人那样宦海沉浮,只能渴盼"几时归去"。沈周没有官身之累,摆脱了生计之虑,完全自由地支配自己的时间,自主地安排自己的生活,他闲适的心境和生活状态,足以令古今无数文人艳羡。

他参加吴中士林的雅集文会,与吴中文人徜徉于田园林苑之中;或者在家中接待来访的友朋,酌酒烹茶,谈艺论文。

他出游江南名山胜景，吴中一带风光绝佳处更是多次登临；或者借宿于禅寺，向寺僧讨教佛理，论辩禅机。

有时他又会一连半月二十天地闭门不出，住在有竹居中。有竹居的空间有限，但他的精神领地是无限的。他玩赏金石鼎彝，揣摩古人法帖，醉心名家画作。他自己对自然和艺术的感悟，也被他咏之于诗，绘之于画。就在这种闲适无为的状态中，他的诗、书、画的水平日益精进。

追求闲情雅致并非不食人间烟火，超脱于日常琐事也不代表拒绝世俗生活。沈周交往的不只有身份相称、爱好相近的文人士大夫，也包括目不识丁的村夫野老。他不像他一生心仪的元代画家倪云林，据说倪云林有洁癖，对于身份低下的人是不肯相处的，如若那人向他求助，他也肯帮忙，只是必须等他将钱放在地上并走远之后，才可来取。沈周的性格宽厚仁爱，对任何人都平等相待，高官显宦面前他不卑不亢，进退自如；贩夫牧竖面前他不倨不傲，言谈和蔼。在他那里，精洁的艺术和村人的琐谈并不矛盾。即使寻常生活小景，他也能以审美的眼光欣赏。他在一首《晚出过邻家小酌》中写道：

> 两旬方一出，门外事纷拿。
> 鱼促春波浅，鸟争林日斜。
> 老夫倾竹叶，稚子捉杨花。
> 小坐聊乘兴，犹堪感物华。

诗人在长时间地领略艺术之美后，走出家门，立刻感受到了自然和农家生活的淳朴之美：鱼翔鸟飞，自由自在，邻家老人热情地斟上酒，孩子们跑来跑去捕捉空中飘荡的柳絮。

沈周对自己的生活应该满意了，如果这样的生活能够一直持续下去的话。

成化二十年（1484），沈周临元代画家钱选的画作，其中一幅《渔乐图》最是触动他，他有诗题咏，在诗中有这样几句："一家妻子团圞头，三泖五湖供泛宅。得鱼换米日月饱，鲜鲤活鲈为黍稷。渔船两叶天地间，翻觉船宽浮世窄。"——这既是题钱选画中意，也是沈周自己的心声，只要能够一家妻儿团圆，自由地生活，那就不必荣华富贵，不必高堂大宅，即便只有两条船也一样快乐。

但生老病死的循环总是在人们的意愿之外。成化二十二年（1486）四月，慧庄病逝，沈周经历了丧妻之痛。最初慧庄只是咽喉间微微肿起，结了一个小丸状的东西，没有其他异样的感觉，但沈周心中有了不祥的预感，因为慧庄的身体很快衰弱下去，脉搏跳动越来越缓慢。他请了苏州城内所有名医来看，都说是痰症，算不得大病。

慧庄也感觉到自己的生命就要走到尽头，每天她一睁开眼，就会寻找沈周的所在。她的喉咙肿胀得不能说话，不过语言已不重要，只要沈周坐在床边，握着她的手，她就能安详面对死亡的降临。

沈周的预感是正确的。在依照大夫们当作痰症开药方服药后，慧庄的病情迅速恶化。她喉间的小丸溃烂，无法进食饮水。她眼中的神采已经黯淡，连睁开眼的气力都在消失。

沈周又一次在死亡面前感到了无能为力。他片刻不离地守在慧庄身边，紧握着慧庄的手，往事在两人的目光交融中重新鲜活过来，四十二年的岁月在他们指间缤纷滑落：在常熟最初相遇时，那幅王维的《雪渡图》所引起的爱情；两人安坐于房内的无数个夜晚，偶尔抬头相视一笑的默契；汪浒大人举荐贤良方正时，那次决定了两人淡泊田园命运的卜筮，以及"执子之手，与子偕老"的诺言；还有沈周任粮长时，患难与共、相濡以沫的岁月，慧庄曾把她陪嫁的首饰典当了来垫付粮租，她笑对沈周说等来年再赔她更好的。后来沈周虽为她重新置办过簪珥，却不是如数"赔还"，也不是"更好的"。当时只觉得毕竟是老夫老妻了，而且慧庄并不在意。现在想来，这竟成了一大遗憾，只有等来世再"赔"了。

慧庄的咽喉内虽溃烂，但不痛不痒，没有不舒服的迹象，在沈周的守护和注视中，她平静地闭上了双眼。

慧庄走得很安详，沈周的哀痛却并不因此减少。四十二年的朝夕相处，突然间幽明永隔，让他情何以堪？幸亏有云鸿料理后事，从停灵到入殓，沈周呆呆地守在慧庄身边，他感觉周围的一切都变得陌生，茫然不知所措，连老友史鉴赶来劝慰，他也默然无语。这个时候，似乎只有诗思还活跃着。他作了许

多追悼亡妻的诗,其中一首写道:

> 生离死别两无凭,泪怕伤心只自凝。
> 已信在家浑似客,更饶除发便为僧。
> 身边老伴悲寒影,脚后衰年怯夜冰。
> 果是幽冥可超拔,卖文还点药师灯。

没有了慧庄,他好像一夜之间彻底苍老了,今后的余生该怎样度过?

再强烈的哀痛也会渐渐平复,生活会慢慢回复正轨,但爱人的离世在心头造成的伤痕是永远都无法愈合的。慧庄死后第三年,沈周将她迁葬到西山官竹园,写了两篇《理坟》诗,诗中有"观生如寄谁非客,视死为归此是家。白发暂存知电露,青山长卧有烟霞""鹤表虚名待谁录,狐丘宿约与妻偕"等句。这些诗句透露了沈周对生死的参悟,他虽然豁达地悟到人生如寄,却没有走向虚无,对感情依然执着。这是哀痛后的平静,永别后的怀念,平淡却持久深沉。

沈周自幼接受正统的儒家教育,儒家最关注人的政治、伦理生活,有一套完备的指导人的行为的礼仪制度,然而对人的内心和自然情感却关怀不够,其"未知生,焉知死"的传统,使人不可能在感受死亡后从它那里寻找慰藉,而这一点正是宗教的重要功能,所以沈周在慧庄死后转向佛教寻求安慰也就不奇怪了。当然这种转向并非对儒家信念的背弃，而只是在某一方面的补充。自宋以后，文人士大夫间就有儒、释、道三教合一的思想趋势。

沈周本就泛览佛典，熟悉佛理，少年时代就随父亲与僧人有密切交往，这使他很容易就能接纳佛教观念，而他最感兴趣的是禅宗。一方面他从宗教中寻找到了慰藉，达到了心灵的宁静，如在《悼内》诗中所说"果是幽冥可超拔，卖文还点药师灯"；另一方面，禅学修养的加深也使他获得一种新的体验世界的方式。他的诗与画中流露出愈来愈浓的禅意。

在一个初秋的夜晚，沈周夜半醒来，再无睡意。他披衣坐起，点燃蜡烛，从书案上摆放的一叠书中抽出一本，随意看了一会儿，稍感疲倦，放下书，盘膝坐于榻上，闭目静心。

室外久雨新晴，月光淡淡照在窗上。沈周渐渐进入心灵澄明的状态，窗外的风声、更鼓声、钟声，这些寻常的声音此时听来也别有感触。他在静坐中默思，在心观中体悟。

当沈周从禅定中回复过来，他感到一种不可遏制的创作冲动，于是铺纸提笔，飞快地把刚才的体悟写出来、画出来。作品轮廓几乎刹那就在心中浮现出来，一篇《夜坐记》，一幅《夜坐图》，中间没有任何停顿便完成了。

这幅画是狭长的立轴，分为近乎平均的两部分，上文下图。上半部分的《夜坐记》约五百字，记述夜坐心得；下半部分的《夜坐图》描绘夜坐情景，有明显的即兴、速写的味道，皴法、渲染都较简略，但沈周是要以图表达自己的理念，这样处理反而恰到好处，不致让观者只注意图的内容而忽略了图的含义。画的近景是双树生于岩石之上，一条横流的小溪上，木板小桥将近景和中景连接起来。中景的主体是几座茅屋瓦舍，画家本人禅坐于一间房内的中央，这里也是整个构图的中央。屋舍周围是耸峙的山峰和高大的树木，显示了大自然的宏伟静谧。

整幅画图文呼应，在描绘外在事物的同时，更追求表达内心的体验。这是沈周晚年创作的新发展，不仅仅如历来文人画那般写意造境，还要像哲学家探究事物本质那样，用绘画来表达"事物之理，心体之妙"。

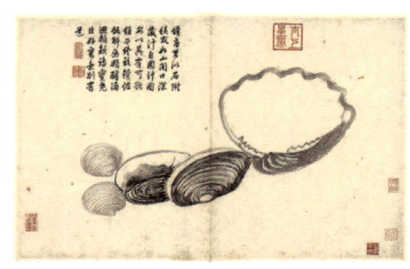

此册计十六开,描绘花、鸟、猫、驴等日常所见之物。虽沈周自谦此为"戏笔"之作,但从构图、造型、描绘手法等方面,都可看出他的创意与巧思。

写生册(共十六开)

明代,纸本设色
34.8厘米×56.5厘米
台北故宫博物院藏

五

弘治七年（1494）的重阳节可以说是意兴索然的一天。

沈周早在几天前就写信给史鉴，约他九月九日同游赏菊。史鉴回信一口答应，不料到了这天却又因事爽约。没有了游伴，沈周也懒得出去访菊登高了，只让云鸿为他在有竹居置办了一桌简单的酒席。云鸿有自己的应酬，为父亲办来酒肴便赴约去了。

沈周一人自斟自饮，他在有竹居种的几株菊花似乎也在跟他过不去，不见一点开花的意思。想到与史鉴已有些时日未曾会面，本想趁重阳节相聚一次，这样的愿望也不能实现；又想到另一位远在千里之外的好友吴宽，算来竟已分别十五年了，真是别时容易见时难，而时光却是不等人的。

想到此，沈周不由赋诗慨叹："好花难开好时节，好酒难逢好亲友。"

京城的吴宽也未尝不思念沈周等苏州友人。但北京与苏州间的路途太遥远了，他身为朝廷重臣，是不能随意长期离职的。

一般说来，能让他返乡的理由只有两个：一是致仕，即告老退休；一是丁忧，即父亲或母亲亡故后回家守制。

吴宽是当今皇上弘治帝的老师，弘治帝对他甚为倚重，刚过六十岁的吴宽是没有理由致仕的。而在这年的十二月，吴宽的继母去世，依照礼制，吴宽必须回家丁忧二十七个月。

吴宽回到苏州，在东庄料理丧事完毕，便赶到沈周的有竹居。

久别重逢，两位老友的高兴心情自不待提，不过不像十五年前的激动，这次两人间的情感少了几分浓烈，却愈见醇厚。

当晚吴宽留宿于有竹居，和沈周连榻夜话，十五年间朝野的变动、人事的更迭，无所不谈。沈周特别提到了两人共同的朋友李应祯的丧事。李应祯去年病逝，留下一个仅五岁的遗孤。沈周、史鉴等为他办理后事，不久前，沈周和史鉴又寻了一块墓地，将他安葬在吴县荐福山的九龙坞。

弘治九年（1496）正月，沈周与吴宽一起到吴江史鉴家，约他同去赏梅。

正值雪后不久，天空放晴，积雪还严严实实地覆盖着万物，温和的阳光照在雪上，金光闪闪，整个世界显得不同寻常的明亮。

沈周和吴宽一路上兴致勃勃，走进史家大门，史鉴一家人正在吃饭，史鉴的精神看上去也很好。他听二人说要去赏梅，忽然古怪地打量了一下沈周，哈哈大笑起来。

沈周被他笑得莫名其妙，问："你发什么癫，没来由地这样大笑？"

史鉴竭力忍住笑，说："我想出一个绝妙的上联，二位是否能对出下联？"

沈周和吴宽不明白什么样的上联会让史鉴这样发笑，都催他别卖关子了，快说出来。

史鉴仍看着沈周，用抑扬顿挫的声调吟出上联："沈石田踏雪寻梅，寒酸之士。"

沈周和吴宽一听也都大笑，这的确是一个绝妙又好笑的上联。

首先这上联很合景，说的就是他们要去做的事，妙在后半句的"寒"和"酸"，二字分别对应前半句的雪和梅，同时二字组成一个词又另有一层意思，好笑在"寒酸"的另一层意思恰好与沈周比较相符。沈周没有官职，只是一个文人，在人们印象中，文人和"寒酸"是有着不解之缘的，而沈周今天穿的鹤氅虽然旧，却还比较名贵，只是与吴宽华丽鲜亮的外套一对比，看上去是有些寒酸，本来谁都没在意，经史鉴一调侃，也觉出来了。

吴宽说："难为你想得出来，不过有失厚道，我才思驽钝，对不上来的。"

沈周却不肯吃亏，说："这也不难，眼前就有极好的下联——史西村对日食粥，温饱之家。"

众人又一阵大笑，都拍手叫绝。

史鉴一家围桌用饭，联中所说正是眼前之事，后半句的"温"和"饱"二字也意含双关，既与前半句的"日"和"粥"分别对应，同时作为一个词又有自身的意思。史家的饭菜非常丰盛，沈周却故意说是"食粥"，又将堪称富豪的史家说成是"温饱之家"，这种有意的夸张既别有一种风趣，又回应了史鉴对他"寒酸"的调侃。字面对仗工整，句意丝丝入扣，的确绝妙。

一对亲家翁就这样互相嘲笑了几句，史鉴吃完饭，三人商量好去邓尉山赏梅。史永龄不放心三位老人，特别是岳丈沈周已经七十岁了，便提出和他们一同去，三人自无不可。

邓尉山和玄墓山是苏州久享盛誉的探梅胜地，两山相连，回环百里皆是梅。几人走进雪海梅山，或作诗或联句，谈笑风生，沈周、吴宽和史鉴仿佛都年轻了很多岁。若非史永龄不住地催促，还不知要玩到什么时候才肯返回。

不过三位老友都没想到，这是他们最后一次齐聚。半年后，史鉴病逝。

噩耗传来，沈周顾不得烈日酷暑，急赴吴江。

史家本是大族，史鉴本人更是苏州名士，是以丧礼非常隆重，宾客塞门。晚上史永龄将岳丈安置在小雅堂休息。这里是史鉴生前的起居处，没有多少家具，方床曲几，一架书，一架金石古器，足见主人清旷。

沈周逡巡于堂上，堂外月光如水泻地，是难得的一个清凉夏夜。想到不久前还在这里和史鉴品茶笑语，转眼间却物是人非，沈周不禁潸然泪下。徘徊良久，遂吟成一律，悼念挚友：

> 筑台高住似神仙，恰好堂成及己年。
> 歌哭于斯人忽耳，死生无度事茫然。
> 青山底处寻遗史，白雪从今付绝弦。
> 此夜独登惟见月，清光依旧石阑前。

第二年春末，吴宽服除还京，沈周到虎丘为吴宽送行。古人云"悲莫悲兮生别离"，更何况这次生离很可能就是死别。两人都垂垂老矣，沈周七十一岁，吴宽也有六十三岁了。特别对沈周而言，深感去日无多，即便吴宽还有下次还乡，他还能等到吗？

吴宽与众亲友饯别后，沈周又单独与他伴行，送出一程又一程，从山塘河送入运河，从运河送入长江。沈周依依不舍，吴宽也不忍立即分别，他在船上赠诗给沈周："老年敢祝惟多爱，厚禄深惭自不胜。杖屦相从须有日，临岐诗券最堪凭。"

沈周回赠吴宽说："时勤相忆但搔首，仰睇天上空云霞。"他知道能否致仕并不由吴宽自主，既然不能聚首，那么彼此牵挂对方、时时相忆也是一种安慰。

船到京口，吴宽无论如何也不肯让沈周继续送下去了。送君千里，终有一别，总不能让沈周真的送上一千里吧？

沈周

京江送别图

明代，纸本设色
28厘米×159.2厘米
故宫博物院藏

此幅绘送友人赴任时的情景。图中山峰峥嵘逶迤，层峦叠翠；江面宽阔平静，远望无边无际；近岸杨柳垂丝，更为友人惜别平添不舍之情。此幅画面结构严谨，用笔苍劲沉着，风格朴厚劲健。

沈周不再坚持。这次临行前他没有特意为吴宽作画，只在京口画了一幅《京江送别图》赠给吴宽。途中吴宽也曾作了两首诗赠他，他有和作，便将两首和诗题在画上，然后与吴宽洒泪而别。

沈周身体的健康程度超过了他自己的预期。弘治十二年（1499），他甚至以七十三岁的高龄赴宜兴登访探洞，让熟悉他的人吃惊不小。但上天在让一个人在某方面有所得的时候，似乎也会让他在另外的方面有所失。

弘治十五年（1502），巨大的悲痛降临到沈周身上。

长子云鸿在这年的八月病逝，沈周感觉自己的世界好像塌了半边。他伤痛自己晚年丧子："佚老余生愿，失子末路悲。不幸衰飒年，数畸遭祸奇。"多年来云鸿掌理家务，将沈周的生活打理得井井有条，现在突然撒手人寰，还要他在衰残之年重新持家，"剩此破门户，力惫叹叵持。屑屑衣食计，一一费心思"。

云鸿的逝世对沈周情感的打击和生活的影响都是难以估量的。他上有九旬老母，下有稚龄孙儿，而次子沈复是庶出，且资质愚钝，远不如云鸿，无可倚借。沈周处境的窘状是不难想象的。

吴宽感到身体日益衰迈，几次上奏章请求致仕，都被驳回。

弘治十七年（1504），有一段时间他告病家居，闲暇中整理与亲友的往来尺牍、书画之类物品，翻检到沈周所赠《京江送别图》,掐指一算,竟是七年前的事了。这七年虽然书信往来不断,他还多次请沈周为他作画,却再未相见。难道真就以生离作死别了?

吴宽特意将《京江送别图》单独挑出,用锦裱装。图上原有沈周所题的两首诗,他又将当时自己赠沈周的两首诗题上,并写了跋语。做完这些事,他心中对老友的思念更浓了。

七月六日,卧病的吴宽起身给沈周写信。他要诉说自己对挚友的思念,诉说隐退的愿望和欲致仕而不能的苦恼。

收到吴宽的信总是一件让沈周高兴的事,这封信尤其如此。因为沈周早已知道吴宽今年以来身体一直不大好,而信上字句的点画法度俱在,言辞温润淳切,篇幅也比平时尺牍长许多,可见写信时身体必已大好。

沈周看完信后到书房写回信,他一边慢慢研墨,一边想着吴宽来信的内容,不知不觉间涌起一阵倦意,他暗叹毕竟老了,精力大大不济了。

忽然间吴宽从外面微笑着走进来。沈周忙起身让座,问:"原博不是在京城吗?什么时候回来的?"

"皇上已经准我致仕,今后就不在京城啦。"吴宽却并不坐下。

沈周很高兴:"那太好了,今后你我就可常见面了。"

吴宽摇头说:"我不回苏州的,此来特地与兄道别。"

沈周颇为诧异:"为何不回苏州,你要去哪里?"

吴宽向门外一指："你没听到奏乐声吗？那是来接我的，我不能耽搁了。启南兄今后多多珍重。"

说完一拱手，转身就走。

"原博慢走，你去哪里？"沈周想问清楚，跑上去要拦吴宽，心中一急，醒了过来，却是南柯一梦，刚才竟然伏在桌上睡着了。

沈周回想着梦中的事，感到了几分不祥，给吴宽的回信久久不能下笔。

似乎为了印证他的梦，一位突然来访的朋友带来了吴宽卒于任上的讣闻。

"不可能！我今天刚刚收到原博的信，是他在六日才写给我的。"沈周几乎是挥舞着手中的信给那位朋友看。

客人被沈周的动作吓住了，小心翼翼地说："我也是刚从城里听来的消息，官府中都是这样说的。吴大人是在十日去的，这封信也许是他的绝笔。"

送走客人，沈周走出有竹居，漫无目的地在原野上曳杖而行。他的思绪被秋风吹得很凌乱，他希望这样就不必思考、不必面对。可是有一个声音一直清晰地响在耳边：原博死了，再也不会回来了！

这是一个多么肃杀的秋天啊。欧阳修在《秋声赋》里说秋天"其色惨淡，烟霏云敛；其容清明，天高日晶；其气栗冽，砭人肌骨；其意萧条，山川寂寥"，秋天一到，"草拂之而色变，木遭之而叶脱"。

是不是秋天里必然有人离去，是不是美好的事物必然以飘逝为结局？沈周在秋风中踉跄行走，脸上不知何时已清泪滚滚，对挚友德业的赞美和突然亡故的深深的悲痛，凝成了血泪一样的文字：

> 德望文章称科甲，官阶寿考更兼之。
> 呜呼今日延陵墓，不愧当年有道碑。
> 天子重伤麟丧鲁，吴人私幸凤生岐。
> 白头野老宜先死，翻向秋风泣所知。

原博比我还要小八岁，为什么会先我而去呢？今后我还和谁剪烛夜话，和谁听风听雨呢？

沈周曾自谓"天地一痴仙"，他的一生痴于亲情和友情，痴于山水，痴于绘画。最亲密的人去了，他无比悲痛。当然他不会沉溺在悲痛中不能自拔，这种悲痛转化为深深的眷恋，永远萦绕在心底，从不曾因时间的流逝而淡薄。

第六章

誉满天下居林下
明代丹青第一人

幽亭临水称冥栖,蓼渚沙坪只尺迷。
山雨乍来茅溜细,溪云欲堕竹梢低。

——《溪亭小景》

一

成化十六年（1480）八月，当朝天子的一道征聘诏书从京城飞马传至苏州：

> 朕承丕绪，用人图治，亦有年矣。永惟劳于求贤，然后成无为之治；乐于忘势，乃能致难进之英。闻尔处士沈周、史鉴，沉酣经史，博洽古今，蕴经纬之远猷，抱君民之宏略，顾乃遁迹丘园，不求闻达。朕眷怀高谊，思访嘉谟，兹特遣使征尔赴用。隐期同德，出宜汇征，以副朕翘企之意。

对于一名布衣文人来说，被天子下旨征聘入朝，既是平步青云的大好机会，更是一份无上的荣耀。征聘在两汉魏晋六朝的时候比较常见，一个人在地方上有了声誉，就会被举荐给朝廷，然后皇帝下旨征聘。如果这个人名气很大，往往需要皇帝多下几道诏书才肯出来。但在科举制逐渐完善后，官员的选拔升迁有了正规途径，除非有特别的才能贤声，由皇帝亲自下旨的征聘便不多了。

但是这道诏书在沈周的心理上和生活中并没有引起任何波澜。在二十八岁那年拒绝汪大人贤良方正的举荐后，他就已经下定了终身隐居的决心，现在已经过了知天命之年，总不能晚节不保吧。历史上的假隐士太多了，先以"隐"邀名，再以名得官，这也就是所谓"终南捷径"了。

沈周耻于走终南捷径，但他也并不刻意地避世逃名。他这次被征聘，就是由于一位朝廷大员的推举。那还是在一年前，当时的兵部尚书兼都察院左副都御史王恕，被钦命巡抚南直隶苏州、松江等十一府州地方，总理粮储，同时监管浙江杭、嘉、湖三府粮储。王恕对沈周早有闻名，到苏州后多次请沈周到府衙叙事，有时一谈几天，征询沈周对地方政事的意见。在这位钦差巡抚面前，沈周很注意拿捏分寸，他同王恕所谈，都是原则性、理论性的话题，对朝廷具体时政不加议论，也未臧否苏州地方官及士绅，若王恕直接追问，他也就婉拒回答，说："我不过是一介草野村夫，对于时事还能有什么看法？"

这也是王恕看重沈周的地方。如果换作别人，很可能会为加深这位朝廷大员对自己的印象而高谈阔论，或者借机对自己平素喜欢或不喜欢的地方官加以褒贬。有一次，王恕和沈周论及向皇上谏奏的问题。沈周说："章谏奏议此类的事情，不是我这草野村夫所了解的。不过我听说过，礼是以'讽谏'为上而以'直谏'为下的。"

王恕突然问:"那么沈先生以为当今之时,做臣子的是应该直谏呢,还是应该讽谏呢?"

"当今皇上圣明,群臣贤达,像明公又被如此倚重,讽谏、直谏,都可以。"

王恕当然知道这是一句必不可少却又毫无意义的套话,所以并不大理会。他慢慢取出一封奏章给沈周看:"这是我给皇上的奏折,沈先生以为可有不妥之处?"

沈周把奏折读了一遍,说:"明公所言切中事理而不流于浮泛,行文委婉而不失于偏激,可谓于讽谏、直谏两得其义。"

王恕点头,沈周这一句似乎模棱两可的话却说到了点上。两人虽未明言,但实际上刚才所论,却是每个为官者都不能不谨慎对待的。本朝的谏议环境比之以前历朝历代,要险恶许多,大臣如果一味直言不讳,重则惹来杀身之祸,轻则招致廷杖之刑。尤其是皇帝若要对某位大臣加以廷杖之刑时,并不需要太多理由,只要一条"卖直谤君",就可以将之拖至殿外,打一个血肉横飞。但如果事事都顺着皇上的意思,曲意阿从,也不是意欲有所作为的士大夫所愿意的。这时候就需要谏议的技巧了。王恕自正统十三年(1448)中进士,至今从政三十余年,官至兵部尚书,个中滋味,自然是"如鱼饮水,冷暖自知"了。而沈周从不曾入朝,居然对此也洞若观火,则不能不让他叹赏。当然,这些两个人都是心照不宣的。

也有朋友对沈周在王恕面前不言时弊表示不理解，因为在朋友面前，沈周对时政得失常常会喜忧形于色。沈周自有他的看法："上官以南面临我，我以北面事之，怎么可能畅所欲言呢？君子思不出其位，我只要尽到我分内应做的就可以了。"

他很清楚，王恕虽对他优礼有加，但毕竟不是吴宽。

被王恕礼遇的还有沈周的好友史鉴。王恕回朝时向宪宗皇帝同时举荐了沈周和史鉴，认为二人都是"文武克允，贞干负荷之器"，请宪宗拔擢二人于草野。宪宗皇帝以此二人向身边的大臣咨询意见，吴宽、王鏊等苏州籍官员自然就自己所知如实禀报，李东阳、程敏政等人也对二人不乏赞誉。于是就有了前面所说的那道征聘诏。

虽然沈周和史鉴都不约而同地上表辞谢了征聘，但无论如何，这道诏书都是苏州士林的荣耀，也使沈周的贤名和隐名达到了最盛。而沈周的画名，此时也俨然可以与明初以来就相继成为画坛主流的院派画、浙派画相抗衡了。时人纷纷以得到沈周一幅画为荣，甚至将沈周的作品作为社交中馈赠答谢的珍贵礼品。史鉴的次子史永龄在还未成为沈周的女婿时，曾得过一场大病，被当时的一位名医陈顾治愈，史鉴为感谢陈顾，便请沈周作了一幅《种杏图》相赠。

随着沈周的画名广为人知，向他求画的人也越来越多。甚至有时清早他还没开门，家门外的河汊里就已挤满了求画人所乘的船。他有时到苏州城，虽寄住在僻静的寺院里，但被好事者探到，就又"履满户外"了。真诚、随和的性格使沈周几乎来者不拒。对于友朋当然是有求必应，不相识者慕名前来索画，沈周也不以为怪，尽量满足。浙江有位僧人，与沈周从不曾见过面，只给沈周寄来一首绝句："寄将一幅剡溪藤，江面青山画几层。笔到断崖泉落处，石边添个看云僧。"这位素昧平生的和尚不仅毫不客气地索画，而且连画的内容都指定，可谓冒昧了。但沈周读完信，立刻欣然命笔，作画回寄。

沈周的画风行一时，追摹者不在少数，造假的人也很多。沈周的画上午刚刚绘制，中午就已有人临仿了副本，不到一天就可以在许多地方见到，有时达到十几幅。对于别人仿造自己的作品，沈周从不追究，有时有人拿一幅假画来让沈周署名，沈周也会答应。

沈周每日的时间越来越多地用于笔墨应酬，虽然忙碌，但这么多的人喜欢他的画，不也正是对他的作品的价值、对他的艺术劳动的肯定吗？在辛劳之余，沈周心中还是有一种成就感的。成化十七年（1481）的夏天，沈周在酷暑中为友人完成一幅《溪山高逸图》后，乘兴写了一首小诗《苦画自题》：

> 清哦兼漫笔，日日应酬同。
> 忙出闲情里，画存诗意中。
> 江山落吾手，草木伴衰翁。
> 闭户自鸿鹄，冥冥万里风。

诗的题目虽叫"苦画",在诗意中却感觉不出半点抱怨,诗人甚至为这种应酬感到自得,"江山落吾手"一句可见沈周此时对自己绘画水平的自信。

沈周不像后来的唐寅那样"闲来写就青山卖,不使人间造孽钱",在一定程度上还需要以绘画作为谋生的手段。他的家境使他不必为衣食顾虑,绘画已成为他生命的一部分,也因此才能长久地乐此不疲。正如他在写《苦画自题》后时间不久填的一首词《南乡子·遣兴》中所言:

天地一痴仙,写画题诗不换钱。画债诗逋忙到老,堪怜!白作人情白结缘。

无兴最今年,浪拍茅堂水浸田。笔砚只宜收拾起,休言!但说移家上钓船。

"浪拍茅堂水浸田"指的是这年初秋发生在相城的水灾。这首词是沈周对自己在水灾中还要答应为别人作画的一种自我解嘲,所谓"堪怜""无兴"等,不过是文人的反语,他还是甚得其乐的。

不过太多的人来索画,使沈周简直应接不暇,不可能也不必每幅画都要精心构思、苦心经营。一些酬赠作品布局或有雷同,笔意或有蹈袭,有时画作的结构、内容还要受索画者的要求限制,从某种程度上讲是要影响他绘画水平的提高的。

沈周当然知道其中甘苦，而且他也并不以自己的画受到欢迎为满足。在艺术之路上的先行者已经取得巨大的成就，如同一座座高山横亘在他面前，可以供他师法，同时也需要他去超越。他从未间断过对绘画技法的锻炼，对绘画风格的探索。有时有人提出的要求倒也能对他的这种探索起到一定的促进作用。

成化十八年（1482），沈周完成了精心绘制的《山水册》。这是应友人周惟德的邀请所作，但与其他应酬之作不同的是，沈周在这册山水中倾注了大量心血，前后历时五年才完成。他在跋中自序：

> 余性好写山水，然不得作者之三昧，为之不足，以兴至则信手挥染，用消闲居饭饱而已，亦无意于窥媚于人。周君惟德装此册求余久矣，或岁成一纸，或月连数纸，通五年积有廿二翻，惟德之意勤矣。画成复索其跋，久而不易之，俾巧取豪夺者见而自沮。吁，惟德之意赘矣。余画固不足于己，安足于人？不足于人而取夺何致耶？饥鸢腐鼠之议，惟德请自任焉。成化壬寅八月沈周题。

可见此《山水册》已不再是简单的酬赠之作了，而是他为达到"作者之三昧"而进行的努力。从二十二页景物来看，都是描绘江南水乡，但每一页又有各自的主题，如行旅、垂钓、策杖、观云、观瀑等。在风格上，沈周有意识地借鉴前代大家的各种画风来表现，不同的景物选择最适宜表达的风格。例如，画高士策杖，就用倪瓒的枯淡手法，对应高士淡泊人生的态度；画风雨迷蒙，就以米氏云山的手法，点染雨中的意蕴；画汀渚芦荻，就采用吴镇的墨笔法；等等。但更多的是将诸种画风混合运用，同时不失自己的面貌。

在沈周诸多应酬之作中，为友人朱存理绘制的设色山水长卷，也是一幅颇为别致的作品。

成化二十一年（1485），沈周刚从南京回到家，朱存理就上门来。朱存理，字性甫，号野航，长洲县人，曾从杜琼求学，与沈周可算作同乡兼同门。他同样不求仕进，好学嗜书。沈周曾经为他画过《鹤岑图》，称赞他品行高洁，得鹤之清，得岑之高。不过朱存理的志向是以文为业，孜孜于求书、编书，不擅长绘画。因为和沈周关系比较密切，所以他向沈周索画是用不着客气的。尤其他生性开朗诙谐，有时提出一些"不情之请"，让沈周感到难以应付，而这些"不情之请"的内容和提出方式又往往与众不同，让沈周不得不答允甚至是愉快地接受。这次画设色山水就是如此。

朱存理找到沈周时直接提出了要求，他已经等了沈周好几天："这是我刚得的衢州上等纸，对你们来说最合适作画了。我知道你现在胸中有丘壑，不用我这张卷子岂不太可惜了？"

"岂有此理，明明是你想请我为你作画，这样一说，反倒成了你在帮我的忙了。"沈周笑着，边说边看他将空白的卷轴慢慢展开，没想到这一展竟有四丈多长，吓了一跳："性甫兄，平时看你很像厚道之人，什么时候也学会催命了？"

朱存理脸上满是无辜的表情："宝剑配英雄，这等好纸，只有你这样的大家才配用它，它也一定能帮你创作出一幅绝世之作。"沈周连连摇头："今天如果你想要扇面，我立刻就给你画，连折扇都可以奉送给你。这四丈长卷嘛，等你把它裁成斗方后再来找我吧。"

"这么说，你当真不画？"朱存理的语气带着挑衅的味道。沈周很坚决："当真不画。"

朱存理不再多言，径直走到书桌边，将纸铺开，研起墨来。沈周问："你想做什么，要自己画吗？"

朱存理也不作答，磨完墨，将沈周拽到桌前，把毛笔塞到沈周手里。

沈周无奈，提笔在纸上画了一道斜坡，点上几块石头和几棵树，一共一尺左右的光景，然后搁下笔说："恕我力不从心，今天我只能画这么多了。"

朱存理很得意，他收起卷子，对沈周说："天下事就是这样，有难于先，必然有易于后。今天已经开头，不愁你不画完。"

从此，朱存理时不时地就会来"探望"一下沈周。一进沈周的书房，便到书桌前，把沈周为他所作的长卷展开，如果看到沈周又有了新的进展,必会赞不绝口:"观君之画,西山朝来,致有爽气。"如果还停留在上次所看到的进度,他就会"鼓励"沈周:"王献之写的《洛神赋》只剩余十三行,仍让人爱不释手,如果见到全文,能不怵人心神吗?你现在这幅图就是十三行的《洛神赋》,后面的赶快完成吧。"

这样既"雅"且"赖"的索画方法让沈周不知如何招架,事实上沈周也没有拒绝之意,只是四丈多长的长卷,绝非能够一挥而就。这样断断续续持续了一年时间,才终于完成。

二

沈周在初学画时就已兼习前代和当代诸家,不过在不同阶段他临习的侧重点是不同的。在早期他受王蒙影响更大一些,比如作于四十一岁的《庐山高图》,用的就是王蒙一路笔法,而现在他更侧重于对黄公望的临习。

黄公望,字子久,是绘画史上著名的"元四家"之一。他发展了赵孟頫的水墨画法,并上追五代北宋的董源、巨然,多用披麻皴,自成一家。他的作品有浅绛和水墨两种面貌。他的浅绛山水,烟云流润,笔墨秀逸,气势雄浑;水墨山水则萧散苍秀,笔墨洒脱,境界高旷。尤其是他的《富春山居图》,将浙江富春江两岸数百里峰峦树木聚于笔底,一峰一状,一树一态,雄秀苍莽,变化多端。画中茂林村舍、渔舟小桥、亭台飞泉,令人目不暇接,丰富而自然。满纸空灵秀逸,笔简意远,被后人誉为"画中之兰亭"。

这幅《富春山居图》曾经一度被沈周收藏,是沈周揣摩临习过无数遍的。后来云鸿因为经济原因不得已将之售给别人,让沈周着实心疼了好一段时间。

成化二十三年（1487）的中秋，沈周赏菊归来，在有竹居的书斋中玩赏自己收藏的书画，忽然间想起《富春山居图》，画中的山水云石历历然如在目前，不由兴致大发，提笔在纸上画了一幅仿作。画完后，沈周不太满意，他不能确定自己笔下画出来的和黄公望的原作相去有多远，毕竟太久没有见到那幅《富春山居图》了。

不过仿作《富春山居图》的第二年，也就是明孝宗弘治元年（1488），沈周再次见到了这幅画的真迹。苏州一位姓樊的官员以重金购得了这幅画，见画上有沈周的收藏印，就将沈周请到家中赏鉴。沈周乍睹旧物，颇为感慨，但更多的是再次领略黄公望艺术造诣后的心动神驰。他在这幅画的后面题了一篇长跋："大痴黄翁在胜国时，以山水驰声东南，其博学惜为画所掩。所至三教之人杂然问难，翁论辩其间，风神竦逸，口如悬河。今观其画，亦可想见其标致。墨法笔法深得董、巨之妙，此卷全在巨然风韵中来……"

在这篇跋中，沈周表达了他对黄公望人品与画品同高的推重，同时也是对自己的期许。他在这一时期的许多作品都带有较明显的黄公望的画风，这是他学黄公望的直接效果。他曾在自己画的《仿大痴笔意图》上题道："画在大痴境中，诗在大痴境外。恰好百二十年，翻身出世作怪。"竟将黄公望与自己视为前生后世了。

当然，沈周不论学谁，都不是完全地亦步亦趋，他敬仰前代大家，却不是完全匍匐在前人脚下，盲目崇拜，更不会给自己划界，自陷于某一家的风格范围内。这一阶段他虽侧重于临习黄公望，也仍然热爱着倪瓒。他对倪瓒的临习同样起步很早，在弘治前后，他画了大量运用倪瓒笔意的作品。

沈周曾用很大的力气临习王蒙，王蒙画风繁丽，而倪瓒简淡，是完全不同的风格。沈周也意识到了这一点，他自己曾说："云林以简，余以繁，夫笔简而意尽，此其所以难到也。"如果一味求简，而没有倪瓒的意韵，便会失于陋，所以沈周并不在构图上刻意模仿，而是学倪瓒的画风。

弘治三年（1490）的七夕，沈周在有竹居避暑，朱存理带着一个童子来拜访，童子抱着两个翠绿溜圆的西瓜。

朱存理一进门就很欢快地说："启南兄，我送西瓜给你消暑来了。"

"不为你做点事情，恐怕你的瓜吃下去要肚子痛的。"沈周和朱存理打趣说，一边让家人把西瓜放在篮子里，系上长绳，缒入井中冰着。

"以小人之心度君子之腹！"朱存理大声地抗议，似乎受了天大的冤枉，"我今天此来别无他意，就是要和你把酒、吃瓜。你如果不信，那把西瓜还我，我找别人去。"

沈周忙扯住他的衣袖，说："既然是君子，岂可以一言失欢。来，先坐，我已让厨下准备了酒菜，你来得正好，今晚咱们就在院中纳凉畅饮。"

当晚，二人在有竹居的院中饮酒，朱存理带来的西瓜切了两大盘端在桌上。夜空中银汉疏淡，薄云度天，白昼的热浪散尽，颇感清凉。二人的酒兴和谈兴都很浓，话题渐渐转到绘事方面。朱存理用一种毫不在意的语气说："前日看到有人售出一幅倪云林的画，竟然要价一百多两银子。我们这些升斗小民哪里买得起哟。"

沈周一听此话，放下手中酒杯，看着朱存理，微笑不语。他知道朱存理说到正题上了，朱存理大概从进门那刻起就想说这句话了。数月前，朱存理就曾请他仿作一幅倪瓒的画，被他拒绝，现在旧话重提，不知朱存理除了两个西瓜之外，还会有什么招数。

朱存理看见沈周的表情，明白自己的心事已被看穿，仍然若无其事地继续说下去："真迹是不敢指望了，但如果能有一幅临仿之作，也能略慰慕想之一二。启南兄对倪翁再熟悉不过了，其实也就寥寥数笔，还请成全则个？"

沈周摇头说："我早已与你说过了，倪云林人品高逸，他的书法学王献之，诗学陶渊明、韦应物，画则轨步关仝而自成一家，笔简思清，我怎敢视之为易而妄作？"

"只是如此良夜，岂可虚度？"朱存理不温不火，自顾自说下去，"淡月疏星，恰可对应倪云林的疏淡情怀。"

"不错，如此良夜，岂可虚度？"沈周好像被说动了，吩咐家人准备笔墨。朱存理大喜，不料沈周继续说："呵呵，我现在诗兴大发，却毫无作画的念头，奈何？"说着他挥毫在纸上写下一首诗：

> 随时逐节且追欢，酒满山尊瓜满盘。
> 一种钝根谁乞巧，两肩诗骨自担酸。
> 奈多白发笼无帽，有好黄金买亦官。
> 膝上抱孙天遣慰，不知星汉夜阑干。

写完，他自己很满意，看了一遍，对朱存理说："性甫兄以为如何？来和一首吧。"朱存理早没了兴致，他打了个哈欠，无精打采地说："我困了，想去睡觉，明日再和吧。"

第二天，朱存理似乎把昨晚的事给忘了，他建议到苏州城中访友，沈周欣然同意。朱存理昨日来时所雇的船还在港口等着，二人上船，往城内驶去。

船行不久，太阳渐渐升到中天，当头照下。正值酷暑，河面没有一丝风，闷热难当。

朱存理忽然取出纸笔，在舱中的小桌上铺开，对沈周说："启南兄，当此酷热，不作画，何以排遣暑闷？"沈周一笑："怎么，还不死心？子曰'三军可夺帅也，匹夫不可夺志也'，这一次我是决计不会画的。"

朱存理竟不坚持，话题一转，问："启南兄，三十六计中有一计叫作'上屋抽梯',是否?"

沈周以为朱存理是要和他讨论掌故了,便说:"不错。这是三十六计中的第二十八计。此计源于东汉末年,刘表的儿子刘琦担心后母会加害于他,就向诸葛亮请教保命之策,诸葛亮不想卷入刘家的家务事,一直不肯说。一日刘琦请诸葛亮喝酒,到了一座楼上后,刘琦就让人把楼梯拆了,诸葛亮没有了退路,只好给刘琦出了主意,刘琦这才让人重新搭起楼梯。"

朱存理点点头,忽然扬声向舱外问:"船家,我昨日让你多储备些米粮,你可按我的吩咐做了?"

"已经储备好了。足够这一船人吃十日左右。"

朱存理很满意地转过头,对沈周一笑:"你只知'上屋抽梯',却不知我朱某人还有'上船不靠岸',也是异曲同工之计。现在若想上岸只有两条路,一是为我仿倪云林作一幅画,完成之时,也就是上岸之际。另一条路嘛,就是把我和船家都抛下水,你自己来划船了。"

沈周哭笑不得,他没想到朱存理会这么促狭,会为了一幅画费这么大的心机,他本来就没有坚拒之心,更不会和朱存理对耗,也就只好举手投降了。当即依照朱存理的要求为他仿倪瓒笔意画了一幅溪山长卷。沈周对倪瓒的画本来极熟,但若非朱存理这样一迫,沈周倒也想不到自己居然能画得这样流畅。只是比之倪瓒的简淡,此画仍嫌稍繁。沈周有些懊恼,朱存理却心满意足,对沈周说:"这样正好,虽未能完全就简删繁,但既有倪云林之神,又有沈石田之笔。在你而言只要尽兴,在我而言一图而得两大家之韵，夫复何求？"

如果说这幅溪山长卷对倪瓒笔意的运用还有太过之处，那么沈周在弘治十七年（1504）所绘的《十里长川图轴》，则可以说对倪瓒墨法笔意的运用已十分纯熟。

沈周曾在成化十年（1474）寄诗画给一位叫朱守拙的友人，当时有同辈多人唱和。朱守拙去世后，他的孙子朱缙把这些诗作都保存了下来。沈周重睹旧作，而当时作者都已亡故，不胜感慨，于是绘了这幅图赠送给朱缙，并把旧作题录图上。

这幅画虽未明言为仿倪瓒之作，却极得倪之神韵。首先在布局上就是对倪瓒一河两岸式构图的稍作变化，画的近景是在坡石之上有疏树数株，树后一座茅亭，亭中一位高士悠然远望，画的远景是数重山峰，以淡墨出之，这些都是轨步倪瓒之处；而比之倪瓒变化的是中景的江中增加了山岩，山岩中部为流云遮蔽，露出岩顶和山脚，沙滩上一湾泉水曲折地流入江水。

在笔墨上亦是倪瓒绘作的气息：远景以淡墨写意拓出远山，使中景平面山岩与云气的不着笔处更为洁雅，烟云及烟云的边线随意而生动，山石结构处轻描淡写，近景的树同样逸笔草草，如信手写出。

至此沈周已深刻体会到了倪云林超然淡泊的心境和枯淡的手法，用自己的笔描绘出了倪云林式的萧疏淡逸的清静境界。后来晚明的董其昌认为："沈启南画，以学元季大家者为佳绝，就中学倪高士尤擅出蓝之能。"此可谓的论。

三

　　成化二十三年（1487）八月，明宪宗驾崩。九月，皇太子朱祐樘即位，是为明孝宗，第二年改元弘治。孝宗即位后便斥退宪宗朝诸佞幸，革除了一系列弊政，颇有新朝气象。事实上，弘治朝也是有明一代中政治清明、社会稳定的时期。政治环境进一步宽松，社会经济进一步发展，文化艺术逐步繁盛，拉开了晚明文化高潮的序幕。

　　以苏州为首的江南地区的经济文化同样呈现繁荣景象。吴中士林更为活跃，既有沈周、史鉴、李应祯等长期隐居或致仕家居的老一辈文人主持风雅，也有吴宽、文林等在朝苏州官员时或还苏居住一段时间，参与唱和。同时新一代青年才俊也开始崭露头角，出现并活跃在各种雅集活动中。这其中最著名的就是被称为"吴中四才子"的祝允明、唐寅、文徵明、徐祯卿。

　　时代在不断变化，新一代年轻人和沈周一代人相比，在对世界的看法、人生态度以及日常的言行方面都有了很大差异。但沈周对他们却是以平辈论交，以一种包容的态度对待这些青年身上所表现出来的特立独行，甚至在世人看来的惊世骇俗之处，不遗余力地予以揄扬提携，尽自己的力量帮他们在吴中文坛、画坛上扬名立足。沈周不仅以其诗文书画上的高度艺术成就，也以其宽广的胸怀和高洁的人格，赢得了年轻一辈的尊敬。

"吴中四才子"和沈周都有较为亲密的交往。祝允明是"吴中四才子"中年龄最大的，和沈周的交往也最早。祝允明，字希哲，因为天生枝指，所以自号枝山，又号枝指生。他的祖父祝颢和外祖父徐有贞都与沈周的父亲及沈周本人相交甚好，有此一层关系，祝允明在七八岁时就已经和沈周认识，并且颇得沈周喜爱。

年龄稍长后，祝允明博览群籍，所作文章有奇气，当筵疾书，思若泉涌，尤其工于书法，隐然自成一家。祝允明的才华使他成为吴中士林的一颗新星，但他的一些言论和生活作风却颇受非议。比如他好酒、好色、好赌，常出入妓馆；他不在乎钱财，有钱就请人喝酒，或者让人分去，完全是浪荡子和败家子的形象。另外他对传统的伦理道德也非常不敬，遇到一本正经的道学家，必会翻白眼，嗤之以鼻。

不过他和沈周相处得却很融洽。他所鄙夷的是道貌岸然、表里不一的伪君子，而沈周是真正地以礼自持，循礼而行。沈周也从不以"卫道者"自居，他有自己的人生准则，也尊重别人的生活方式，对祝允明他没有以长辈的身份求全责备。

虽然在性格上两人有着几乎截然相反的取向，但在才思敏捷上却是相同的，而且都为人称道。两个人在一起，有时还有相互考较的意思。

有一次，祝允明到有竹居拜访沈周，两人在一处池塘边的凉亭内饮茶闲谈。池塘内生着亭亭的荷花，绿波中能看到鱼儿游动。沈周随口吟出一句上联："池中荷叶鱼儿伞。"

祝允明应声即答："梁上蛛丝燕子帘。"

沈周刚要赞许两句，祝允明也由池内荷花想出一句上联："沼内种莲，藕白花红叶绿。"

后半句的六个字中竟然有三个表示颜色，沈周却不假思索就对了出来："田中插稻，秧青苗翠谷黄。"不仅对上了颜色，连一种植物的三部分的名称也对得滴水不漏。

两个人在一起相互激发出来的妙联还有许多，如："鸭游阔阔池塘，口称狭狭；蝉噪高高溪岸，声叫低低""孤舟两桨片帆，游遍五湖四海；一塔七层八面，观尽万水千山"等，都是很新颖机巧的对子，被时人传诵。

祝允明对科举考试的态度很矛盾，他不想受科举的束缚，对八股文不屑一顾，但由于出身官宦世家，身上寄托着家族的期望，他自己也有及第做官的愿望，因此一次次进入科场。也许是造化弄人，直到他儿子中了进士，他也没能及第。不过弘治五年（1492），三十三岁的祝允明中了举人，以他的才气来说，已经很迟了，但仍让他意气风发了一段时间。

弘治七年（1494）十月，天气出奇的冷，沈周已经多日足不出户了。这天祝允明忽然冒寒来到有竹居,让沈周很是欣喜。与沈周交往时,祝允明自动地将他疏狂玩世的一面收敛起来,与沈周联诗作对,谈艺论文。偶尔祝允明对前圣先贤、伦理法度发表一下刻薄不敬的言辞,沈周也只含笑不语,不会与之辩驳,更不会板起面孔教训,他更看重祝允明的文才。在祝允明辞别前,沈周画了一卷《林壑幽深图》相赠,并在画上题诗:

> 疏林叶尽秋日晴,与子把手林中行。
> 萧条此地不足枉,贲我一来林壑荣。
> 君今文名将盖代,踪迹所至人争迎。
> 青袍猎猎风满袖,知者重者无公卿。
> 老夫朽惫人所弃,子谓差长加其情。
> 临分日落渺野水,扁舟南鹜迷孤城。

在这首诗中,可以看出沈周对祝允明的褒扬和期许是非常高的。不过祝允明专注于诗文书法的创作,于绘画稍有涉足却不深,所以沈周称他是"君今文名将盖代"。在丹青一途真正登堂入室、传沈周衣钵的是文徵明。他和沈周的亲近最初也是源于父亲与沈周的关系。

文徵明的父亲文林和沈周是同乡,也是长洲县人。成化二年(1466),当时刚过弱冠之年的文林来到相城,慕名拜访了沈周,言谈之中两人颇感合契,相与订交。成化八年(1472),

文林与吴宽同榜登进士第，此后一生中的大部分时间辗转各地为官。尽管相处时间不长，沈周和文林之间仍相互许为知交好友，书信往来，诗歌唱和不断。成化十四年（1478），文林知永嘉县任满返苏，沈周特意到太湖西山相候，等了三天，但仍与文林错过。第二年，文林的父亲逝世，文林为父守丧，回苏州居住三年，两人这才有较多的交游。文徵明此时刚七八岁，随侍文林身边，开始与沈周有了接触。三年后，文林转到另一地任地方官，直到文林因身体欠佳，回苏州养病，接着又为继母丁忧，一连在苏州家居七年。

弘治八年（1495），文林再次来到有竹居。每当文林回苏州时，他和沈周在苏州文人的各种迎送宴会或雅集活动中相会的机会很多，但文林再没有来过沈周的家。文林第一次到有竹居拜访沈周时绝不曾想到，他的第二次到来竟然是在三十年之后。看到有竹居宛然昔时模样，而人已从青春变成了白发，沈周的孙子沈履都可以出来行礼了，文林很是感慨，作诗喟叹："冥冥三十年，役役远行迈。人生各有寓，参商发长喟。归来五载游，会晤一何懈。君如九皋鹤，巢穴故然在……"他为自己归家五年而和朋友会晤太少感到自责，沈周在和诗中回答他说："请喻江中水，淡泊味长在。"指出君子之交淡如水，相交的深浅，并不取决于相处时间的长短。

弘治十一年（1498）春，文林被朝廷重新起用，赴任温州知府一职。苏州的一位名士杨君谦在虎丘为他设宴饯别，参加者有沈周、朱存理、唐寅、徐祯卿等，亦可谓一时盛会。众人赋诗为文林送行，自然还少不了沈周作图。然而谁也不会想到，这次虎丘送行竟成永别。仅仅一年过后，文林就病故于任上。

沈周听到讣闻后既悲且悼，又一位比他年轻的友人先他而去，他作诗哭文林：

> 向来作郡梦非祥，远大功名寿未遑。
> 造化小儿俄柳肘，乾坤遗爱有桐乡。
> 丈夫气节存人表，老友肝肠剩泪行。
> 还信天公着余福，当家分付寡辞郎。

在这首诗里，沈周既悲痛老友的寿命不永，功业未显，又为老友庆幸，因为"还信天公着余福，当家分付寡辞郎"。所谓"寡辞郎"，就是指文徵明了。由此也可见沈周对文徵明的看重，认为文徵明足可成为文林辞世的安慰。其实文林本人对儿子也充满了信心，这是很难得的。因为文徵明虽名列"吴中四才子"之一，但他的资质、他少时的表现远不及另外三人，在八九岁的时候，他还连话都说不清楚，有人怀疑他的智力有问题，文林却认为儿子是大器晚成。文林请吴宽为文徵明教授文法，请李应祯为文徵明教授书法。在严父名师的督导之下，再加以自身的勤奋，文徵明逐渐在吴中青年士子中脱颖而出。不过与文林的期望相脱节的是，文徵明对时文——也就是科场中要用的八股文丝毫不感兴趣。他和祝允明、唐寅、都穆等人结交为好友，几人正当年少，趣味相投，志同道合，经常聚在一起研习《左传》《史记》《汉书》等古文，高谈阔论，互相探讨，而撇开"四书""五经"不顾。对于视科举为唯一出路的读书人来说，他们这样做简直就是不务正业了。

但是在世人眼中，只有功名才代表着人生的最高价值，不获取功名就意味着人生的失败，通过科举考试求得功名，步入仕途，是读书人唯一的正路。所以祝允明、唐寅等人虽狂放不羁，鄙薄八股文，在成年之后还是要踏进考场的，哪怕仅仅是为了得到一种不可或缺的装饰品，一种标识。何况文徵明还承受着家庭的压力。

文徵明出身官宦之家，祖父文洪是举人，父亲文林和叔父文森是进士。即使是为了家族的荣誉，他也需要博得一个功名。但与祝允明、唐寅至少还中过举人相比，文徵明在科场上更为命运不济，从二十六岁后的二十五年中，他曾九次参加乡试，却九次铩羽而归。弘治十一年（1498），二十九岁的文徵明依然名落孙山。此时文林正在温州知府任上，闻讯后写信安慰儿子，让他不要气馁，并且一如既往地相信他将比唐寅日后更有成就。这让文徵明感到既慰且愧。所以在第二年父亲去世时，文徵明心里是百感交集。

尽管文徵明在科场上命途多舛，他在绘画上的才能却与日俱增，名气也一天天大起来。这一点是出乎文林意料的。在他为儿子安排的教育中,最重要的是能写出一手好字,作出一篇好的八股文,因为这和科举考试直接相关。至于绘画,只不过可以在茶余饭后用来遣兴而已。他从没考虑过要沈周指导文徵明绘画。文徵明完全是因一个偶然的机会才踏进绘画艺术殿堂的。

那还是文徵明十九岁那年的四月,沈周到苏州城内承天寺(也就是双峨寺)小住。这日文徵明听说沈周来到苏州城内后,便在第二天的早晨前去拜访。

走进承天寺,问过三位寺僧后,文徵明来到沈周所住的僧房外。恰巧一位小沙弥从房中走出,他告诉文徵明,沈先生正在作画。文徵明便悄悄走进门,见沈周正背对着门,弓身在临窗的书桌上挥笔作画,另一张桌上放着刚才那个小沙弥送进来的早饭。

文徵明轻轻走到沈周身旁,只见沈周笔下所绘已经有了大致模样,他一眼就能认出,画的是长江两岸的景色——常常乘船沿江上下,这景色他很熟悉——但很显然不是如实描写,缩万里于盈尺,反而更集中地展现了景物的特征,变其形而存其意。"纸上世界竟也能如真山真水般畅神寄意,怪不得古人以'卧游'为乐呢!"文徵明这样想着,渐渐沉浸到沈周创制的艺术境界中。

沈周也处在一种浑然忘我的状态中,直到画作告一段落,手腕感到酸痛,要停笔休息时,才惊觉身边有人站立。他转头一看，见是文徵明，非常高兴，问："世侄是几时来的？"

文徵明恍若未闻，眼睛仍然盯着画，口中说："世伯可否教小侄习画？"

沈周微微一笑，放下笔，在椅子上坐下来。文徵明回过神来，急忙向沈周行礼问候。文徵明回答了沈周对父亲和自己近况的询问后，又提出了刚才说的向沈周学画的要求。沈周说："这是我从来的业障，你学它有何用处？"

文徵明很认真地说："刚才世伯已经把我带入一种境界，我想我是忘不掉了。"

"呵呵，学画最为费时费力，会影响你读书应举的。令尊可要骂我把你引入歧途了。"

"不会的。举业又不急在一时，我现在才十九岁，我父亲中举时都二十三岁了。"文徵明说这话时当然想不到他这一生都不会中举了。

沈周见文徵明决心已定，也不再拒绝，说："不过你应该明白，绘事一途不可只凭心血来潮，它需要艰苦的练习。一幅画欣赏起来心旷神怡，但让你一遍遍地临仿，也会感到枯燥的。"

"总没有作试帖、八股文枯燥吧。"

文徵明这样一说，沈周也笑了。他知道文徵明内心很抵触八股文，可是这由不得他选择，从社会到家庭，都要求他去拼命攻读，比不得自己生在隐士世家。

老实说，文徵明的天分不高，但他刻苦执着，沈周又悉心指导，把几十年的经验体会毫无保留地传授，使文徵明在学画之始就有了一个比较高的起点。

首先沈周指点文徵明不遗余力地追模研习前代大师的作品，从元代四大家倪瓒、黄公望、吴镇、王蒙，上至赵孟頫、董源、巨然等，当然也包括马远、夏圭等院体画家，着重学习前人的技法。同时沈周告诫文徵明："画法以意匠经营为主，但以气韵生动为妙。意匠容易达到，而气韵生动别有三昧，难以言传。"所谓"意匠经营"，指的是画面的构思、物象的塑造，这些可以通过临习大家之作而得，"气韵生动"则和个人的文化修养、胸襟见识、人格精神相关。

文徵明曾仿荆浩、关仝的笔法画《荆关小幅》，荆浩、关仝是与董源、巨然约略同时又齐名的画家，不过他们属于北宗画派，多画北方山水，更注重写实，注重体现山水自身的风貌特征。文徵明作完后拿给沈周看，沈周在图上题诗："莫把荆关论画法，文章胸次有江山。"这实际上是在提醒文徵明，不要过于刻板地摹写物象，而要注意在山水间融入自己的"意"。这些指点在文徵明的艺术生涯中都起到了重要作用。

文徵明在很多方面都接近沈周，为人端重纯直，孝友恭让，淡于功名，不近声色。如果说在"才"一方面文徵明要稍逊祝允明、唐寅等人的话，那么在疏狂傲世、纵酒狎妓方面更不能比了。在沈周之后，文徵明成为吴门画派的核心人物，领袖吴中画坛长达五十年。当然，这些都是后话了。

文徵明之外，唐寅也可算作沈周的学生。与祝允明、文徵明不同的是，唐寅出身商人世家，那是一个"万般皆下品，惟有读书高"的时代，所谓"士、农、工、商"，商人为四民之末。但比较低的社会地位并不妨碍唐寅具有超乎常人的天赋，从幼时起，他在各方面都显现了成为一名"才子"的特征，对于诗文辞赋、琴棋书画有着天生的感悟力。他和文徵明是总角之交，和祝允明结交时也才十三四岁（祝允明长他十岁，已经成年）。由于祝允明和文徵明的关系，唐寅也得以很早就从沈周宴游。唐寅曾为沈周的母亲张太夫人寿辰作《贞寿图》拜寿。虽然唐寅未如文徵明那样正式拜沈周为师，但日常游处所受指导、作品中所受影响还是显而易见的。就在世的画家而论，对唐寅影响最大的有两位：一位是风格上属院派画家的周臣，一位就是沈周。

"吴中四才子"中年龄最小的是徐祯卿。文徵明和唐寅同岁，他们比祝允明小十岁，而徐祯卿又比他们小近十岁。徐祯卿，字昌谷，是吴县人，与唐寅同乡。他天资聪颖，家中没有一本藏书，却无所不通，诗写得尤其熔炼精警。不过他并非世家出身，相貌又比较丑，所以最初并不被人注意。他和唐寅很要好，唐寅把他介绍给沈周，很得沈周的称赞，渐渐为人所知。

尽管"吴中四才子"不愿每日"惟章句是循，程式之文是习"，鄙视只为获得功名利禄铺路的八股文，不惧被世人讥笑为"迂""狂"而学古文辞，但要想被社会承认，还是必须参加科举考试。

卧游图册（共十七开）

明代，纸本设色
27.8厘米×37.3厘米
故宫博物院藏

四

弘治十二年（1499）正逢会试之年。在明代，乡试和会试都是每三年举行一次，会试安排在乡试后一年。士子们要先通过乡试，取得举人的资格后，才能参加会试。士子们的期待、紧张、激动和兴奋也就每三年一轮回地重复上演。

苏州向来是人文荟萃之地，每逢会试，金榜题名者大有人在，及第已是寻常。而这年的会试让苏州人多了一份特别的期待，那就是也许今年的状元会再次属于苏州的士子，因为赴考的人中有著名的才子唐寅。

其实状元是由皇帝钦点的，举子们在参加完会试后，被录取者还要参加殿试，也就是皇帝亲自主持的考试，由皇上再从其中选出状元、榜眼和探花。不过唐寅的确值得苏州人期待。不仅仅因为他的才子之名太大了——他十六岁考秀才便得了第一名，去年参加乡试，一举夺魁，高中解元。

沈周也很关注今年的科考，因为赴考的除了唐寅，还有祝允明和都穆等人。祝允明在中举后两次参加会试，两次都名落孙山，这次已是第三次了。都穆少时曾随沈周学诗，年长后也像沈周一样不习章句，泛览群籍。他二十年来以教书为业，早已是吴中名士。三年前，他因吴宽的举荐，得以补博士弟子，今年也有资格参加科考。

沈周对三个学生的才学有完全的信心。当然他也知道才学不能完全决定及第与否，还有其他许多因素会影响到最后的成绩，比如说主考官就是很重要的一项。而今年的主考官是程敏政，他对程敏政是了解的，其人学问渊博，品格端正。如果唐寅等人在答卷时不出什么差错的话，应该不会被程敏政漏掉。

但现实中偏偏有太多意料之外的事情。春闱刚刚结束，人们正等着放榜的时候，突然有消息传来：唐寅因为科场舞弊而被朝廷下狱了。一同受审入狱的还有江阴举人徐经。据说是有人告发，唐寅、徐经在开考前的预作文与会试题目完全吻合。

苏州人不大相信，沈周也不相信，以唐寅的才华和傲气，他怎会去作弊？为了做状元郎吗？

就在人们疑惑、猜测、议论纷纷之际，又有传言说，那个告发者竟是唐寅的好友都穆。

此案的另一位受害者是程敏政，他和李东阳同为今年的主考官。唐寅和徐经到京城后多次拜访过程敏政。今年的试题出得十分冷僻，使很多应试者答不上来。其中有两张试卷，不仅答题贴切，且文辞优雅，名字虽被封住，但阅卷时程敏政看到后认定是唐寅和徐经作的，便随口说了出来。这句话被在场的人听见并传了出来。早有人对程敏政暗怀嫉恨，便以此为凭证弹劾，称程敏政受贿泄题，若不严加追查，将有失天下读书人之心。孝宗皇帝信以为真，十分恼怒，立即下旨不准程敏政阅卷，凡由程敏政阅过的卷子均由李东阳复阅，将程敏政下狱，派专人审理。

沈周对程敏政的遭遇是很同情的。他与程敏政初识时就曾婉劝过程敏政要注意韬光养晦，但程敏政并未在意。后来逢久雨成灾，有人借此指责程敏政在其位而不称职，上天降此警示，于是程敏政被罢职。沈周当时曾写了《送程宫谕》一诗为他鸣不平，诗中有"人从今日去，雨是几时晴"之句，清新巧致，被海内传诵。时隔六年，程敏政起复旧职，此次初任会试主考官，竟遭牢狱之灾。后来调查发现，程敏政所说的那两张卷子并非唐寅和徐经的，而是程敏政误认，于是皇帝下旨"平反"，然而程敏政出狱后仅四天，愤懑不平，发痈而卒。

沈周为程敏政写的挽诗中说：

> 高官博学何辞谤，顷疾长殂可悼嗟。
> 君子不知蝇有恶，小人安信玉无瑕。
> 圣明浩浩汤除网，瞑极茫茫鬼载车。
> 归把遗文殉深葬，看从地下发光华。

才高遭嫉，气盛见毁，"君子不知蝇有恶，小人安信玉无瑕"，这不仅仅是为程敏政而作，也是为唐寅而发。

这件案子久拖未决，唐寅一直羁押在狱中。直到第二年，在吴宽保举下，才被释放出来。这件事对唐寅的打击，无疑是巨大的。他所有的功名都被革黜，连以后参加科举的资格也没有了。不过他并没有因此一蹶不振，他曾给文徵明写过一封信，叙述自己遭此打击下的心境：

……窃窥古人，墨翟拘囚，乃有薄丧；孙子失足，爰著兵法；马迁腐戮，《史记》百篇；贾生流放，文词卓落。不自揆测，愿丽其后，以合孔氏不以人废言之志。亦将豢括旧闻，总疏百氏，叙述十经，翱翔蕴奥，以成一家之言，传之后世，托之高山，没身而后，有甘鲍鱼之腥而忘其臭者，传诵其言，探察其心，必将为之抚缶命酒，击节而歌呜呜也。……寒暑代迁，裘葛可继，饱则夷犹，饥乃乞食，岂不伟哉？黄鹄举矣，骅骝奋矣……

在这封信中，唐寅引了一系列先贤身处困境而发愤图强的事例，表明自己仍欲有所作为，希望"成一家之言，传之后世，托之高山"的决心。但这并不是说他就对自己的处境淡然处之，他内心深处有着无可排遣的悲怆哀恸，在信的结尾，他说：

> 此外无他谈。但吾弟弱不任门户，傍无伯叔，衣食空绝，必为流莩。仆素论交者，皆负节义；幸捐狗马余食，使不绝唐氏之祀，则区区之怀，安矣乐矣，尚复何哉？唯吾卿察之！

他甚至想到了死，只是因为弟弟还不能持家，他一死恐怕会绝了"唐氏之祀"。

信中所说"仆素论交者，皆负节义"，自然是指这宗科场案的告发者都穆了，都穆倒是在这次会试中中了进士。现在很难说清都穆去告发好友是出于什么样的心态了，总之他扮演了一个不光彩的角色，使唐寅终生耿耿于怀。文徵明等人曾几次想化解此事，但唐寅根本不愿见都穆的面，更不要说给他谢罪的机会了。有一次，文徵明和几位朋友将唐寅约到酒楼，在事前没有告诉他的情况下，又把都穆找来，而唐寅一见都穆来到，一句话不说，竟转身跳窗走了。

沈周对都穆是了解的，知道他的本质并不坏，也许只是一念之差，做出了这种为人不齿的事情。而且沈周生性宽厚，律己甚严，对他人的品性行为并不苛责。当都穆来拜访时，沈周甚至有意地回避谈论这件事。不过他也不劝说唐寅原谅都穆，他知道唐寅有足够的理由痛恨都穆，与之绝交。他为唐寅感到深深的惋惜，更关心唐寅今后的路，关心唐寅的艺术创作。虽然上面所引唐寅给文徵明的信写得很沉痛，但唐寅本是一个个性强烈、风流不羁的人，这样的事情不能使他消沉颓废，却可以激他更加疏狂傲世、纵情声色，而不必顾及世俗的舆论了，就是在这个时候，他开始自称"江南第一风流才子"。沈周不反对或排斥唐寅的特立独行之举，但他有时也会给予适当的忠告。他曾在唐寅所绘的一幅《江深草阁图》上题诗，善意地提醒他：

> 唐子弄造化，发语鬼欲泣。
> 游戏山水图，草树元气湿。
> 多能我亦忌，造化还复惜。
> 愿子敛光怪，以俟岁月积。

沈周在诗中先是毫不掩饰地赞扬了唐寅的诗与画，甚至连自己都感到"多能我亦忌"，然后在末联中告诫唐寅，要注意收敛，努力积累，假以岁月，成就当不止于此。这些话都是意味深长的。

五

　　作为一名读书人，不能做官是痛苦和不幸的；而作为一名画家，不做官反而会有助于成就其艺术生命。不做官，就不必将有限的生命耗费于烦琐的公务，不必过于受正统的人伦纲纪与国事的牵累；不做官，可以让一个人的心灵由喧嚣走向宁静乃至孤寂，让一个人将自己的欲望和人生价值寄托在艺术的创作和实践中。

　　沈周不愿做官，一生隐居，文徵明大半辈子也没争取到做官所需的功名（后来虽被推荐，充翰林院待诏之职，但那时他已经五十多岁了，绘画艺术上已经成熟，而且在朝廷供职时间也不长），唐寅则被取消了做官的资格，竟至卖画为生。自动放弃也好，被拒之门外也好，都使他们有充足的时间和精力投入到绘画的研习创作上来。

　　沈周的画风在成化年间开始成熟，当时即有一批文人从他学画，或者在画格上受他影响。他长久的创作不仅影响和带动了吴中画坛，也推动吴中画风渐渐波及全国其他地区。文徵明和唐寅在弘治年间的加入，使得吴中画风声势更盛，吴门画派也由此成型（苏州为春秋时期吴国都城，有吴门之谓）。到正德年间，吴中画风已完全取代此前盛行的院派画和浙派画，成为当时画坛的主流。

院派和浙派画家都是职业画家，主要继承南宋院体画家李唐、刘松年、马远、夏圭的画风。而以沈周为首的吴门画派的画家，基本上都是文人，他们都接受过良好的诗文经史教育和艺术陶冶，注重自我品格的修养和完善。严格地说，吴门画派的画家都是业余画家，他们主要继承宋元以来文人画的传统，讲究诗书画合璧，侧重于以画来抒发胸臆，怡养情性，强调作品意境的构造和笔墨趣味的表达，重视艺术形式的审美趣味。他们的创作题材，除了继续元人画中常见的高士隐逸生活外，还进一步扩大到文人生活的各方面，如庭园雅居、文人集会、赋诗饮酒、赏花望月、品茗听泉、览胜纪游、访友送行等。

"文人画"这个概念到后来的董其昌才提出来，但沈周已对这一画风有了清晰的认识，并有意识地奉之为自己的创作理念。他在成化十年（1474）临亡友刘珏所绘《峦容川色图》时曾写下一段跋文：

> 国初金华宋学士每见峦容川色，谓是上古精华，不忍舍去。其好古之心为何如哉！予居荒僻，无可目击其胜，但以毫楮私想象之，撋撋涂抹，又不能探绘

椿萱图

明代，绢本设色
170.9厘米×92.8厘米
安徽博物馆藏

灵椿寿及八千岁，
萱草同生寿亦同。
白发高堂进春酒，
凤凰飞下影云中。

事之旨，惟徒劳于心尔。然绘事必以山水为难。南唐时称董北苑（源）独能之，诚士夫家之最。后嗣其法者，惟僧巨然一人而已。迨元氏，则有吴仲圭之笔，非直轶其代之人，而追巨然，几及之。是三人，若论其布意立趣，高闲清旷之妙，不能无少优劣焉，以巨然之于北苑，仲圭之于巨然，可第而见矣。近求北苑、巨然真迹，世远兵余，已不可得。如仲圭者，亦渐沦散，间睹一二，未尝不感士夫之脉仅若一线属旒也，亦未尝不叹其继之难于今日也……

这一年沈周四十八岁，其绘画艺术已有了相当的造诣，这篇跋文可以看作他三十余年探索"绘事之旨"的心得。他所说的"士（大）夫一脉"，也就是指文人画，他所梳理的从五代董源到北宋巨然再到元代吴镇的线索，也与后人理解的文人画历史完全合拍。他在这里似乎把"士大夫一脉"的范围只限于董、巨、吴三人，连与吴镇同为元代四大家的倪瓒、黄公望、王蒙都不提，但从他对倪、黄、王作品的热情来看，他实际上对文人画的理解并不是这样狭隘。他发出"未尝不感士夫之脉仅若一线属旒也，亦未尝不叹其继之难于今日也"的感慨，颇有担当起继承和复兴文人画传统之志。当然，事实上沈周完全做到了这点。

  沈周的一生都未停止过在艺术之路上的探索，不断地寻找最适合自己的审美情绪和表达形式。在晚年，他继续追踪"元四家"，尤其醉心于吴镇。从上面所引的文中就可以看出，他还在中年的时候就已经于"元四家"中独推吴镇，到晚年时其画风中吴镇的影子尤多。他在题吴镇《草亭诗意图》的诗中也称赞说："我爱梅花翁，巨老传心印。修此水墨缘，种种得苍润。树石堕笔锋，造化不能吝。而今橡林下，我愿执扫汛。"

"梅花翁"就是指吴镇。吴镇，号梅花道人，他一生隐居，性情孤峭，画学巨然，富有端庄、静穆、温和、朴茂的风貌。"元四家"中其他三人都偏于干笔和细笔，用墨偏淡，而吴镇却援用湿笔、粗笔和浓墨，笔法雄劲，墨气浑润，以简劲见长。他的画描写江南湖山景色，表现画家避世幽居、浪迹江湖、寄兴山水的隐士生活。作品往往题以遒劲潇洒的草书诗词，使诗书画相得益彰。

沈周学吴镇，是为了锻炼更加简洁、沉郁的画法，汲取吴镇淋漓多变的墨法、坚实雄劲的笔法，使粗笔山水更趋于雄健苍劲，凝重浑厚。弘治四年（1491）春天，沈周开始系统地临仿吴镇笔意，用了一年多的时间，完成了一册山水册。画完后，沈周视为自己的得意之作，写了一段跋文：

> 右仿梅道人画册若干幅，山水、树石、风亭、溪馆，各自为状。其间模写，远背古人，谓为得意，则吾岂敢！然观者或有取焉，是亦老朽之幸也。此册始于弘

治辛亥之春，终于壬子之夏。非诧其为之不易，而自家兴味亦自不多得耳。

沈周晚年在笔墨上主要追求两种特点，即倪云林式的枯淡萧疏境界和吴镇式的笔墨烟岚意韵。

但如果只看到沈周孜孜不倦地临习前人绘作的一面，并且就此认为沈周的作品只是对他所崇敬的董源、巨然、"元四家"的重复，那就错了。对于临仿和创作之间的关系，他是有着深思熟虑的，他在《山水妙品册》一跋中自题道：

今之画家无不效法宋元，而竟不得其奥解。余尝梦寐深求，间为入室弟子，余未越其藩篱也。此册自谓切要，循乎规矩格法，本乎天然，一水一石皆经耳目之所睹，记传其神采，着笔之际，凝心定思，意在笔先，所谓多不可减，少不可逾，真薄有所得。

沈周清醒地认识到，仅仅摹临、效法，是不能超越宋元前贤的藩篱的，而他自认为这帧册页达到了"多不可减、少不可逾"的境界，就是因为既遵循宋元画家的规矩格法，又直接写照自然山水的神采，将"师古"和"师造化"结合起来，在深广的根基上建造起了自己的艺术殿堂。

如果说在山水画方面，可以很明显地看出前人的画风自始至终影响着沈周的笔墨技巧，充实着沈周的笔墨内涵，那么在花鸟画方面，沈周的革新意义则给人以深刻印象。

中国的花鸟画在唐代独立成科，到五代时发展出两种主要的风格：一种以黄筌为代表，一种以徐熙为代表。黄筌是宫廷画家，他的花鸟画取材于宫中的奇珍异兽，设色富丽，精致细腻，被称为"黄家富贵"。徐熙则是终身布衣，作画取材于野外景物，如野竹水鸟、蔬果蝉蝶，简淡雅逸，被称为"徐熙野逸"。自宋以后的花鸟画一直被"黄家富贵"的画风统治。

沈周则上继徐熙的风格，开拓出一条全新的花鸟画发展道路。他将山水画中的文人趣味甚至技法引入花鸟画的领域，开创性地发展了水墨写意法在花鸟画中的应用，改变了原来摹写自然的调子。同时，造型上注意突出物象特点，突出花鸟性格，为花鸟注入人的主观情绪，创造了"似与不似之间"的艺术形式，从而在宋人院体之外，另立了一面文人意笔写生的旗帜。他将花卉从宋人的精工而变为雅逸，可以说是开启了明代文人写意花鸟画之先河。他的花鸟画取材广泛，风貌众多，以文人的直觉，真诚而朴实地面对自然，是一种取其大意式的写生，删去烦琐的枝节，形质和神采都得到了恰当的表现，朴实无华，却耐人寻味。竹、菊、牡丹、荷花、芭蕉等花卉，鸟、猫、蝉、蛙、蟹、虾乃至牲畜等动物都成为他笔下摄取的对象，而它们在他那生花之笔挥写下又呈现出各自不同的风采。

沈周的水墨花鸟画，大多为随物赋形之作，但已经过他自己的艺术处理，看似大笔挥洒，轻松自如，其实不易。他在一幅墨笔花果图上题道："诸果十种，盖余戏笔耳，然以写生之不易，则知余亦非戏也。"他对水墨花鸟画所做出的努力，基本上形成了中国水墨花鸟画在笔墨形式上的一大坐标，对后人影响很大。明代绘画史上著名的大写意水墨花鸟画的代表人物"白阳（陈淳）青藤（徐渭）"都是沿着他开辟的道路前行的。

六

晚年的沈周,身上依然充满令人羡慕的活力,丝毫不显垂暮之态。以副都御史之职总抚苏州、松江、应天的彭礼,在巡行到苏州时,曾召见沈周,叹赏沈周不仅精于诗画,而且详于治理之余,竟没有意识到沈周已是七十六岁的高龄,提出让沈周留在自己的幕下任职。连皇帝的征聘都不感兴趣的沈周当然婉拒了。

正德元年(1506),沈周八十岁。这年有画工为他绘制了一幅肖像画,画中的沈周头戴幅巾,身着布衣,双手笼袖,银须在胸前飘洒,双目炯炯有神。看了这幅肖像,也就不难理解当时人称沈周为"神仙中人"的惊叹了。

由于沈周的名气,这幅肖像画传抄了许多摹本,以至于有人说:"先生不出,天下尽识。"无缘结识沈周,那么就从画中一睹其风采也好。也有许多人不满足于遥想神交,从各地赶来拜访。

这日,沈周家中来了一位怪客。

沈周恰巧外出,沈周的书童接待了他。得知沈周不在家后,这位客人转身就要走，一瞥眼看到桌上铺着一幅上好的素绢，旁边摆着笔砚，显然是沈周准备好了要作画的。来客几步跨过去，提笔蘸墨，在绢上画起来。

书童拦阻不及，慌得两手直摇："不行的。我家先生在这幅绢前站了半天都没舍得落笔。您这样，我要挨骂的。"

客人却充耳不闻，对书童看也不看，一路挥洒，很快就将一幅绢画得满满的。画完后将笔掷在桌上，大笑道：

"班门弄斧，快哉快哉！"

然后扬长而去，留下书童站在那里目瞪口呆。

沈周一回到家，书童连忙把那位连姓名也未留下的怪客来访的事告诉了他。沈周走到那位客人完成的画前，仔细欣赏了半晌。这是一幅泼墨山水，虽有匆促的痕迹，山水树石却也清润纷错，颇有韵致。

"从来没见过这样的怪人，在别人家里好像在自己家一样。我已经说不让他画了……"书童站在旁边小声嘀咕着，生怕沈周责怪。

沈周微微一笑，打断他的话，说："此人一定是金陵史痴，不可以世俗之礼要求他。他现在应是进城了，若这样与他失之交臂，就太可惜了。"

沈周让书童去告诉沈复为他备驴，他要进城。沈复赶忙过来劝父亲，如果进城的话，最好乘船或坐车。从相城到苏州是有一段距离的，一位八十岁的老人骑驴走这么远，总是不能叫人放心。沈周不在意，他觉得乘船或坐车太慢，担心再一次错过。沈复只好为父亲准备好驴，沈周连书童都不带，催驴小跑着往苏州城去了。

沈周所说的这位"金陵史痴"名叫史忠，乃是南京名士。据说他小时候很不聪慧，到十七岁才能说话，而且突然间能赋诗作文。其人豪迈不羁，自号"痴翁"，也善画山水，纵笔挥写，不拘家数。沈周与他从未见过面，但闻名已久，几次去南京，都听友人提及，并且见过他的画。来到苏州城，沈周凭着感觉，直奔阊门。

在偌大的苏州城中寻找一个素未谋面的人，比大海捞针还要困难，沈周却不管那么多，或者说沈周心中其实也没有抱多少希望，这大约就是文人雅士的"乘兴"吧。

沈周将驴寄放在阊门附近一户相识的人家，自己信步走上街头。阊门是苏州最繁华的地带，到处是店铺酒肆、歌楼妓馆，年轻的文人们都很喜欢这里。文徵明曾写诗描述其繁华热闹："灯火旗亭喧夜市，月明歌吹满江楼。"唐寅也写过一首《阊门即事》："翠袖三千楼上下，黄金百万水西东。五更市卖何曾绝，四远方言总不同。"

漫步在熙熙攘攘的人流中，沈周随意地举目四望，忽然看到迎面走来一人，白发银须，宽袍大袖，脸上有一种自然流露的傲气。就在沈周向他注目时，他也注意到了沈周。两人渐渐走近，在快要擦肩而过时，沈周问："尊驾可是金陵史痴翁？"

此幅采用没骨法绘折枝辛夷,以苍秀古拙之笔画花卉枝干,以不同水分的色墨画出花瓣叶片,色泽浓淡分明,层次丰富,再用重墨劲细之笔勾画叶筋。构图疏密有致,设色清妍秀雅,富于蕴蓄之致。

辛夷墨菜图卷之一
明代,纸本设色
34.9厘米×58.8厘米
故宫博物院藏

那人也几乎同时发问:"尊驾可是相城石田翁?"

两人握手大笑,又不约而同地向最近的一家酒楼走去。旁边的路人纷纷投来异样的目光。

走进酒楼,寻了一个座位坐下。史忠说自己酒量有限,不可多饮。沈周说痴与酒是不可分的,既然号称痴翁,酒是不可偏废的。史忠不同意,说痴乃天生,借助于酒的痴不是真痴。两位老人如孩童般的争论,让周围的酒客都忍俊不禁。后来史忠又从随身携带的夹袋中拿出自己的几幅画请沈周评赏。赏完画,沈周和史忠都有了几分酒兴。沈周看到史忠的夹袋里还带了笔墨纸砚,说:"今日如此好兴致,岂可无诗?"于是让酒保把杯盘撤去,把桌子收拾干净,然后取出笔墨纸砚,乘着酒兴写了一篇很长的《赠史痴翁》:

> 我昔闻痴翁,已及三十年。
> 不知翁为人,名痴胡其然。
> 痴本性不慧,朦瞳百不便。
> 今年阊间城,握手在市廛。
> 角巾摺软罗,腰带敝帛缠。
> 短屦草猎猎,长袖云翩翩。
> 温慰未通语,辄歌沉醉篇。
> 拉翁黄公垆,买酒醉圣贤。
> ……

写完后，两人挽着手走出酒楼，来到码头，乘船返回相城。回到家，沈周忽然想起忘了两件事：一是忘了给酒钱，二是忘了带回自己的驴。他告诉了史忠，两人又是一阵大笑。

史忠在有竹居盘桓了三个月，才与沈周依依不舍地道别，返回南京。

第二年五月，沈周重游南京，回访了史忠，住在史忠的卧痴楼。其时，文徵明恰也在南京居住，便将沈周请到自己宅中款待了多日。文徵明的次子刚刚六七岁，还没有正式取名，文徵明请沈周给他起个名字。沈周说："他的哥哥叫文彭，他就叫文嘉吧。彭和嘉都从士，希望他们兄弟二人将来都成为有德有才的文士。"

七十余年后，也已耄耋之年的文嘉仍然清晰地记得这位太老师，记得这位太老师的"飘飘若仙之韵度"，虽然从那以后，他再没有见过沈周。

正德四年（1509）的春天，沈周进行了他一生中的最后一次出游。

他在宜兴的好友吴纶邀请他再游宜兴，八十三岁的画家预感到自己时间不多了，便不顾家人的担忧和反对，接受了邀请。

从宜兴回来，沈周就病倒了，而且一病不起。沈周对自己的病泰然处之，每日里照旧赋诗作画。这一年的端午节，沈周还画了一幅《灞陵诗意图》，图上长堤枯柳，一位骑驴老翁，双眼翻白，似在凝神思索，后面跟着一名仆人，挑着酒壶书卷，

两人一驴,将要过一座野桥。沈周画完后还填了一首词,叙述画中之意:

闻道灞陵桥,山遥水更遥。六十年,踪迹寥寥。牖下因人今老矣,双短鬓,怕频搔。

行着要诗瓢,酒壶相伴挑。望秦川,千里翘翘。再画一驴驮我去,便不到,也风骚。

灞桥是长安附近的一座桥,据说唐朝时有人问诗人郑綮最近是否有新诗,他回答说:"诗思在灞桥风雪中的驴子背上,此何以得之?"

长久卧病,竟没有影响老人的心境,风雅之意不减以往。

八十三岁的老人,对于死早就冷静地思考过无数遍了。在正德元年(1506)的那幅肖像画上,他曾题过两次诗,第一次是在绘图的当时题下的,诗中有"苟且八十年,今与死隔壁"之句,可以看出沈周淡然面对死亡的心态。第二次是在第二年:

似不似,真不真。纸上影,身外人。

死生一梦,天地一尘。浮浮休休,吾怀自春。

不知不觉中,秋天来了。江南的秋天味道很淡,尤其是初秋的时候,人们一般都注意不到,但北方就不同了。

对于王鏊来说，今年的秋天格外肃杀。自从正德皇帝即位后，信用太监刘瑾，祸乱朝政，众多朝臣或被贬，或被杀。王鏊虽然身为户部尚书、文渊阁大学士，是正德皇帝倚重的朝廷重臣，但也小心翼翼，如履薄冰。他知道自己不能和刘瑾抗衡，便多次上疏，请求致仕回家，在这年秋天终于被准奏。

王鏊回到苏州老家，听说沈周病重，立刻派人去问候。沈周此时已经不能起床了，但他还是努力写了一首诗回谢王鏊：

黄鹤白云瞻宰公，此机超出万人中。
门前车马应如海，先有心情问病翁。

沈周虽卧病已久，但他对朝廷的政治形势、对王鏊在朝中的处境还是很明了的，所以他才会说"黄鹤白云瞻宰公，此机超出万人中"。不过对于沈周来说，这些都太遥远了，他已不再关注。现在唯一要做的，就是平静地度过生命中最后的日子，甚至作为友人的王鏊，也不必来打扰他。

三天后，沈周安然离世。这一天是正德四年（1509）八月二日。

在沈周去世的第二年，相城大水。王鏊、唐寅等人乘船来相城拜墓，不见沈周的家人出来招待，大约是躲水灾，到别的地方去了。

四野都是泛滥的洪水，沈周的墓地在何处呢？这场大水之后，恐怕不仅墓地，沈周在相城八十多年的足迹都会消逝吧？但他的笃诚宽厚的高尚品德，他的淡泊超然的高逸情怀，还有他的画，将会永远流传，永远被后人怀念。

王鏊等人感慨了一番后，掉转船头，向苏州城驶去。

身后，白水茫茫。

画中运用干笔的飞白、水墨的渲染和重笔浓墨的点写将一棵普普通通的白菜表现得栩栩如生。此画突出了书法用笔的特点,粗放率意,转折自然,用墨亦变化多端,颇具逸致,天趣盎然。

辛夷墨菜图卷之二

明代,纸本设色
34.9厘米×58.8厘米
故宫博物院藏

沈周年表

1427
—
1509

1427　丁未　十一月二十一日，出生于苏州相城。
一岁

1433　癸丑　从陈宽学诗文，后所作或出陈宽之上，陈
七岁　　宽遂逊去。

1439　己未　父以粮租事为知县所窘，上书为父辩白，
十三岁　　时人重之。

1441　辛酉　代父听宣南京，以百韵诗上户部主事崔恭。
十五岁　　崔恭得诗惊异，疑非其所自作，面试《凤
　　　　凰台歌》，援笔立就，词采烂发。崔恭乃大
　　　　加激赏，比之王勃。即日下檄，免其父粮
　　　　长之役。

1442　壬戌　伯父沈贞约于此际教其绘画。
十六岁

1444　甲子　妻陈慧庄来归，视之为良友。
十八岁

1445　乙丑　游常熟沙头，馆岳丈陈氏家。初识当地名
十九岁　　士俞景明，相与评书赏画，结为至交，被
　　　　邑人誉为"双骅骝"。

| **1449　己巳**　二十三岁 | 瓦剌也先入寇，明英宗下诏亲征，至土木堡，被围兵败，遂被俘。秋，闻土木之变，赋《己巳秋兴》诗，颇寓忧国之思。 |

| **1454　甲戌**　二十八岁 | 苏州知府汪浒欲举其应贤良，以书敦遣。得书筮《易》，得遁卦之九五，曰"嘉遁。贞吉"，卒辞不应。 |

| **1455　乙亥**　二十九岁 | 充粮长之职。逢岁饥，而累偿缺额，致妻脱簪珥以应。 |

| **1459　己卯**　三十三岁 | 画艺渐进，间以绘作赠友人。 |

| **1461　辛巳**　三十五岁 | 秋，得释徭役，大喜，比之"鸿鹄逃网罗"，又有诗寄友人，述释徭役之闲适。 |

| **1463　癸未**　三十七岁 | 吴宽来相城相访，宿于有竹居。 |

| **1465　乙酉**　三十九岁 | 因吴宽介绍，得与史鉴相识，言语契合，遂订交。都穆约于此际相从学诗。 |

| **1466　丙戌**　四十岁 | 文林来相城，访有竹居，遂与订交。 |

1467　丁亥 四十一岁		作《庐山高图》，为师陈宽祝寿。其绘作向率盈尺小景，至此间拓为大幅，粗株大叶，草草而成，天真烂发。
1471　辛卯 四十五岁		二月与史鉴、刘珏、弟沈召赴杭州，在杭州刘英、诸中、沈宣等人陪伴下，遍游西湖山水。返苏后修葺有竹居，有诗记之，颇以隐居自得。弟沈召卧病后，不内处，与俱卧起。
1472　壬辰 四十六岁		刘珏病故，作诗哭之，痛失知己。弟沈召亦于此年病故。吴宽会试、廷试均获第一，闻讯喜而赋诗。
1474　甲午 四十八岁		临刘珏摹吴镇《峦容川色图》，自跋中论及前代山水画家，以董源为第一，巨然次之，吴镇又次之。
1478　戊戌 五十二岁		正月，应邀赴吴宽家，相与话旧竟日，遂宿其宅作《雨夜止宿图》。二月吴宽回访，在有竹居盘桓多日，二人放舟游虞山。

1479	**己亥** 五十三岁	仲春,与吴宽、李应祯陪程敏政游虎丘,有诗画记之。三月,送吴宽服阕返京,精心绘制山水长卷相赠。本年王恕巡抚苏松,数相召以咨询时政得失。
1480	**庚子** 五十四岁	宪宗下征聘诏,与史鉴同被征赴用,二人皆未应。
1481	**辛丑** 五十五岁	画名大盛,每日忙于笔墨应酬,而以"天地落吾手"自得。.
1484	**甲辰** 五十八岁	往虞山致道观观七星桧,应永龄之请,绘《虞山古桧图卷》。春末夏初与史鉴、汝泰游杭州。画艺渐进,间以绘作赠友人。
1486	**丙午** 六十岁	妻陈慧庄殁,哀痛无比。
1488	**戊申** 六十二岁	立夏,跋黄公望《富春山居图》。冬,程敏政以雨灾被弹劾罢职,闻讯赋诗送之,其中"人从今日去,雨是几时晴"之句,海内传诵。

1489 **己酉** 六十三岁	宿双峨僧舍,文徵明来访,观作《长江万里图》,遂相从学画。
1490 **庚戌** 六十四岁	七月七日,朱存理来访,与之晚酌于有竹居。次日,二人同舟入城,朱存理出纸请图,因仿倪瓒笔法为写溪山长卷。
1492 **壬子** 六十六岁	夏,绘仿吴镇画一册毕。此册始于去年春,历时一载有余,为得意之作。
1495 **乙卯** 六十九岁	春,文林来访有竹居,杯酌唱和,颇多今昔之慨。
1496 **丙辰** 七十岁	闻史鉴病故,赴吴江,哭吊于小雅堂。
1497 **丁巳** 七十一岁	春,与吴宽互访。春末,吴宽还京。恐再见无日,远送至京口,作《京江送别图》。
1499 **己未** 七十三岁	三月,赴宜兴,与吴纶同游张公洞,有图及诗记此行。文林病故于温州任上,讣至悼且震。程敏政因牵连于唐寅、徐经科场案下狱,出狱四日而卒,有诗挽之。

1502	**壬戌** 七十六岁	春，彭礼巡行至苏州，召见与语，欲留幕下，恳辞之。
1506	**丙寅** 八十岁	与史忠晤于苏州城，赋诗赠之，相与订兄弟之交。
1507	**丁卯** 八十一岁	五月，游南京，宿史忠"卧痴楼"。与文徵明晤，为其次子取名曰嘉。
1509	**己巳** 八十三岁	春，应吴纶之请赴宜兴，游善卷洞。归而卧病。八月二日，卒于正寝。

后 记

最早了解沈周，是缘于我的导师——复旦大学古籍所陈正宏教授。陈正宏师曾给文博系本科生开设"中国绘画史"课程，我去旁听了一个学期。讲到元明部分，文人画引起了我的极大兴趣。而陈正宏师曾撰写过《沈周年谱》，这本书使我对沈周的生平有了较为完整的认识。可能因为作者是自己的老师，故而对沈周别有几分亲近，甚至心中还很可笑地为沈周抱不平：同样是"明四家"之一，论才，沈周少时即被比为王勃，书无所不读，诗文亦被广为传诵；论画，沈周是开创吴门画派的宗师，受到当时和后世的高度推崇，嘉靖年间苏州名士王穉登在所著《吴郡丹青志》中选录的到其时为止的明代二百年间的苏州画家，位居第一、画作被奉为神品的只有沈周一人……但在后世，在绘画领域之外，沈周的名气却远不如唐寅来得响亮，甚至还比不上文徵明。也许是因为沈周的性格平和、经历平淡吧，少了几分传奇色彩，也就少了谈资。可是如果将沈周放在明代知识分子群体中，反而会发现，沈周的这种平和与平淡，竟也是他的独特之处。赵园先生在《明清之际士大夫研究》一书中提到了明代士人的"戾气",指出"躁竞""气矜""气激"是士人在明朝这一政治暴虐时代的普遍姿态。这样看来,沈周接受和奉行主流的伦理道德规范,却选择了非主流的生存姿态,也是不平凡的了。

在我为沈周抱不平的时候,还没想到有一天会为他作传。能够有机会写这本书,还要感谢卢小雅兄的推荐与鼓励,卢兄还在本书的构思阶段提出过宝贵的建议。写作过程的艰难超出了预想,2003年的夏天又是从未有过的酷热,夏天过后,我因为工作关系来到湖州师范学院,如果不是编辑王慧静小姐热心并且耐心地督促,以及细心地校阅,这本书恐怕是不能如期完稿的。另外,还要感谢傅鹏涛兄、王向民兄为本书的写作提供了便利的条件,王亮兄代为从《四库全书》中检阅了若干资料。

在此书之前,我还没有过如此大量的文字写作的经历,笔拙识浅自然不足以传神地描摹沈周的风采。好在以先生之宽容,九泉有知,想来也不会苛责五百年后的一位后生小子吧。

段红伟

2003 年 12 月 1 日

图书在版编目（CIP）数据

在淡泊宁静中绽放：沈周传 / 段红伟著 . -- 贵阳：贵州教育出版社，2020.7

（艺术的故事）

ISBN 978-7-5456-1207-3

Ⅰ．①在… Ⅱ．①段… Ⅲ．①沈周（1427-1509）- 传记 Ⅳ．① K825.72

中国版本图书馆 CIP 数据核字（2020）第 085508 号

在淡泊宁静中绽放：沈周传

段红伟 著

出 品 人	玉　宇
责任编辑	廖　波
出版发行	贵州出版集团 贵州教育出版社
地　　址	贵州省贵阳市观山湖区会展东路 SOHO 区 A 座 （电话 0851-82263049　邮编 550081）
印　　刷	山东临沂新华印刷物流集团有限责任公司
开　　本	787mm×1092mm　1/32
印　　张	8.75
字　　数	166 千字
版　　次	2020 年 7 月第 1 版
印　　次	2020 年 7 月第 1 次印刷

书　　号	ISBN 978-7-5456-1207-3
定　　价	68.00 元

如发现印、装质量问题，影响阅读，请与印刷厂联系调换。

厂址：山东省临沂市国家高新技术产业开发区新华路　电话：0539-2925680　邮编：276017